BEGINNER'S RUSSIAN READER

WITH CONVERSATIONAL EXERCISES

by

LILA PARGMENT

Assistant Professor of Russian
University of Michigan

National Textbook Company
a division of *NTC Publishing Group* • Lincolnwood, Illinois USA

1990 Printing

Published by National Textbook Company, a division of NTC Publishing Group.
© 1985, 1977 by NTC Publishing Group, 4255 West Touhy Avenue,
Lincolnwood (Chicago), Illinois 60646-1975 U.S.A.
All rights reserved. No part of this book may be reproduced, stored
in a retrieval system, or transmitted in any form or by any means,
electronic, mechanical, photocopying, recording or otherwise, without
the prior permission of NTC Publishing Group.
Manufactured in the United States of America.

9 0 ML 9 8 7 6

PREFACE

Designed especially for beginning students of Russian, *Beginner's Russian Reader* may be used either as a supplement to a first-year basal textbook or by itself for studying grammar, vocabulary, usage, and Russian-language constructions in a natural context.

In addition to providing graded material for improving reading skills, this book also offers plenty of oral practice for developing communicative competency.

All of the selections have been specifically adapted for beginners. Reading level, vocabulary selection, sentence structures, and use of tenses and moods have been carefully controlled to suit the needs of first-year students. All of the vocabulary is of high frequency, and chapters have been arranged according to difficulty.

The exercises that accompany the readings are written in a natural, colloquial style, which encourages students to respond in the same way.

Practice materials in this book fall into five categories:

1. Expressions
2. Readings that deal with life in the Soviet Union, portraits of Russian writers, in addition to historical and geographical sketches.
3. Anton Chekhov's play *The Bear*.
4. Poems and songs.
5. Comprehension exercises.

With a variety of stimulating materials—both for reading and oral practice—*Beginner's Russian Reader* is a perfect introduction to the Russian language.

ACKNOWLEDGMENT

LEEDS MUSIC CORPORATION has cordially agreed to the use in this book of the Russian songs for which it is the publisher and distributor in the United States and the entire Western Hemisphere.

СОДЕРЖА́НИЕ

ОБЫДЕННЫЕ ВЫРАЖЕНИЯ 3
ТЕКСТЫ ОБЩЕГО ХАРАКТЕРА 7
  Моноло́г 7
  Оши́бка 7
  Кто прав? 7
  На пожа́ре 7
  Аппетит 8
  Не в деньга́х сча́стье 8
  Бесцеремо́нный гость 8
  Уро́к ве́жливости 9
  Два го́стя 9
  Хоро́ший муж 10
  Два дру́га 10
  Обману́л 10
  Скворе́ц 11
  Со́кол и пету́х 11
  До́брое се́рдце 12
  Уро́к му́зыки 12
  Следы́ 13
  Де́душка 13
  Умный судья́ 14
  По́мощь 14
  Ещё раз 15
  Гу́си (по Крыло́ву) 16
  Стрекоза́ и мураве́й (по Крыло́ву) 16
  Ва́нька (по Че́хову) 19
  Пти́чка (по Турге́неву) 21

СОДЕРЖАНИЕ

СТР.

   Пари́ (по Че́хову) 22
   До́рого сто́ит (Толсто́й, по Мопаса́ну)..... 25
   Орден (по Че́хову) 28

ТЕКСТЫ О СОВЕТСКОМ СОЮЗЕ............. 33
   Москва́ 33
   Кани́кулы в Москве́ 34
   Моско́вское метро́ 36
   Расска́з красноарме́йца (Фортуна́това)..... 40
   Среди́ льдов (Фортуна́това)............... 41
   Как я пры́гала с самолёта (Воспомина́ния ру́сской лётчицы) 41
   Ра́дио 42
   Челю́скинцы (Пале́й и Энтина)........... 43
   Кро́вные ро́дственники (из сове́тской сво́дки) 47

КРАТКАЯ БИОГРАФИЯ НЕКОТОРЫХ ПИСАТЕЛЕЙ 49
   Пу́шкин 49
   Ле́рмонтов 50
   Крыло́в 53
   Толсто́й 54
   Турге́нев 57
   Достое́вский 58
   Че́хов 59
   Короле́нко 60
   Го́рький 61
   Шо́лохов 63

КРАТКИЕ СВЕДЕНИЯ ПО ГЕОГРАФИИ И ИСТОРИИ СССР 64
   Геогра́фия 64

СОДЕРЖАНИЕ

                                                                                       СТР.

- Татарское нашествие 69
- Александр Невский 70
- Пётр Великий 70
- Наполеон в Москве (Брагин) 74
- Ленин 77

МЕДВЕДЬ (Чехов) 81

ПОЭЗИЯ И ПЕСНИ 95
- Птичка божия не знает (Пушкин) 95
- Зимняя дорога (Пушкин) 95
- Парус (Лермонтов) 96
- Ангел (Лермонтов) 96
- Горные вершины (Лермонтов, по Гёте).... 97
- Казачья колыбельная песня (Лермонтов).. 97
- Утёс (Лермонтов) 99
- Внимая ужасам войны (Некрасов)......... 99
- Катюша 100
- Вечерний звон 101
- Метелица 103
- Одинокая гармонь 104
- Сибирский вечер 106
- Размечтался солдат молодой 109

УПРАЖНЕНИЯ 111

РУССКО-АНГЛИЙСКИЙ СЛОВАРЬ 175

ОГЛАВЛЕНИЕ 207

BEGINNER'S RUSSIAN READER

ОБЫ́ДЕННЫЕ ВЫРАЖЕ́НИЯ

Здра́вствуйте.	How do you do?
До́брое у́тро.	Good morning.
До́брый ве́чер.	Good evening.
Сади́тесь, пожа́луйста.	Be seated, please.
Как (вы) пожива́ете?	How are you?
Хорошо́, спаси́бо, а вы?	I am well, thank you, and you?
Не о́чень хорошо́.	Not very well.
Что с ва́ми?	What is the trouble?
Я бо́лен (больна́).	I am ill.
Я просту́жен(а).	I have a cold.
У меня́ боли́т голова́.	I have a headache.
У меня́ боли́т го́рло.	I have a sore throat.
У меня́ на́сморк.	I have a cold (in the head).
О́чень жаль. \} Кака́я доса́да!	\{ I am so sorry! How unfortunate! What a pity!
Мо́жно войти́?	May I come in?
Войди́те!	Come in!
О́чень рад(а) вас ви́деть.	I am very glad to see you.
Знако́мьтесь, Познако́мьтесь, мой друг ...	Meet my friend ...

Позво́льте вам предста́вить господи́на (госпожу́) Н.	Allow me to introduce to you Mr. (Mrs.) N.
О́чень прия́тно познако́миться.	I am very glad to meet you.
Како́й вы национа́льности?	What is your nationality?
Вы ру́сский? (ру́сская?)	Are you Russian?
Нет, я америка́нец. (америка́нка).	No, I am American.
Вы говори́те по-ру́сски?	Do you speak Russian?
Немно́го.	A little.
Вы понима́ете, что я говорю́?	Do you understand what I say?
Да, я всё понима́ю.	Yes, I understand everything.
Понима́ю, но не всё.	I do, but not everything.
Говори́те ме́дленно, пожа́луйста.	Speak slowly, please.
Повтори́те, пожа́луйста.	Repeat, please.
Как вас зову́т? Как ва́ше и́мя?	What is your name? (first)
Как ва́ша фами́лия?	What is your name? (surname).
Ско́лько вам лет?	How old are you?
Отку́да вы?	Where do you come from?
Из Нью-Йо́рка.	From New York.
Вы давно́ здесь?	How long have you been here?
Нет, неда́вно.	Not very long.
Когда́ вы прие́хали?	When did you come?

ОБЫ́ДЕННЫЕ ВЫРАЖЕ́НИЯ

Два (три, четы́ре) дня тому́ наза́д.	Two (three, four) days ago.
Где вы останови́лись?	Where do you stay?
В гости́нице.	In a hotel.
У друзе́й.	With friends.
Вы ку́рите?	Do you smoke?
Нет (да), спаси́бо.	No (yes), thank you.
Хоти́те есть?	Are you hungry?
Нет, спаси́бо, я хочу́ пить.	No, thank you, I am thirsty.
Хоти́те ча́ю? Вы́пьете ча́шку ча́ю?	Will you take a cup of tea?
С удово́льствием.	With pleasure.
Бу́дьте до́бры (любе́зны).	Be so kind.
Пода́йте мне папиро́сы.	Pass me the cigarettes.
Спаси́бо. Благодарю́ вас.	Thank you.
Не сто́ит. Не́ за что.	Don't mention it.
Скажи́те, пожа́луйста.	Would you please tell me.
Кото́рый час?	What time is it?
Два (три, четы́ре) часа́.	Two (three, four) o'clock.
Стано́вится по́здно.	It's getting late.
Мне пора́ домо́й.	I must go home.
До свида́ния. Всего́ хоро́шего.	Good-bye.
До ско́рого свида́ния.	I'll see you soon.
Споко́йной но́чи.	Good night.
Приходи́те (к нам), пожа́луйста.	Come to see us.
Когда́ вы уезжа́ете?	When are you leaving?

За́втра у́тром (по́сле обе́да, ве́чером).	Tomorrow morning (afternoon, evening).
Счастли́вого пути́!	Happy journey!
Кака́я сего́дня пого́да?	How is the weather today?
Сего́дня хоро́шая пого́да.	It's lovely.
Сего́дня плоха́я пого́да.	It's unpleasant.
Тепло́.	It's warm.
Хо́лодно.	It's cold.
Прохла́дно.	It's cool.
Жа́рко.	It's hot.
Идёт дождь.	It's raining.
Идёт снег.	It's snowing.
Ду́ет ве́тер.	It's windy.
Вам хо́лодно?	Are you cold?
Нет, мне тепло́.	No, I am warm.
Како́й сего́дня день?	What day is it today?
Сего́дня понеде́льник (вто́рник, среда́, четве́рг, пя́тница, суббо́та, воскресе́нье).	Today is Monday (Tuesday, Wednesday, Thursday, Friday, Saturday, Sunday).
Како́е сего́дня число́?	What date is it?
Сего́дня пе́рвое (второ́е, тре́тье, четвёртое ...).	Today is the first (second, third, fourth ...).

ТÉКСТЫ ÓБЩЕГО ХАРÁКТЕРА

Монолóг

"Пáпа, что такóе монолóг?
— Монолóг э́то разговóр мéжду мáмой и мнóю"

Оши́бка

"Пéтя,[1] скóлько раз я говори́ла тебé не брать ничегó пáльцами. Ты ужé большóй мáльчик, сты́дно. Нáдо есть ви́лкой.
— Но, мáма, лю́ди не всегдá éли ви́лками. Пáльцы бы́ли на свéте, когдá ви́лок ещё[2] нé было.
— Да, но не твой".

Кто прав?

Вáня[3] люби́л пóздно спать. "Сты́дно, Вáня, так пóздно спать" — сказáл емý однáжды отéц, и, чтóбы дать сы́ну урóк, он рассказáл емý про человéка, котóрый шёл рáно по ýлице и нашёл[2] мнóго дéнег.
"Но, пáпа, — сказáл Вáня — тот, кто потерял э́ти дéньги, встал ещё[2] рáньше".

На пожáре

Оди́н раз загорéлся дом. Когдá приéхали пожáрные, к ним вы́бежала жéнщина. Онá плáкала и говори́ла, что в дóме остáлась мáленькая дéвочка. Пожáрные послáли собáку. Чéрез пять минýт собáка вы́бежала и́з дому. В зубáх, за рубáшку, онá неслá дéвочку. Мать брóсилась к дóчери и плáкала от

---

[1] Dim. of Пётр, Peter.
[2] In words with the letter ё the tonic accent is usually on that letter.
[3] Dim. of Ивáн, John.

ра́дости.

Вдруг соба́ка опя́ть бро́силась в дом. Ско́ро она́ вы́бежала отту́да. В зуба́х, за пла́тье, она́ несла́ большу́ю ку́клу.

Аппети́т

"Како́й невку́сный суп!"— сказа́ла Ве́ра за обе́дом, и положи́ла ло́жку на стол. По́сле обе́да Ве́ра пошла́ в по́ле копа́ть карто́фель. Там она́ мно́го рабо́тала, и верну́лась домо́й голо́дная. Мать поста́вила на стол суп, и Ве́ра е́ла его́ с аппети́том. "Како́й вку́сный суп! — сказа́ла она́. "Это тот са́мый суп, — сказа́ла мать — что был за обе́дом. Тепе́рь он вку́сный, потому́ что ты голодна́."

Не в деньга́х сча́стье

В одно́м до́ме жи́ли два челове́ка: бога́тый и бе́дный. Бе́дный мно́го рабо́тал и за рабо́той пел. Когда́ бе́дный пел, бога́тый не мог спать. Он дал бе́дному мно́го де́нег, чтоб он не пел. Бе́дный переста́л петь. И ему́ ста́ло ску́чно.[1] Он пошёл к бога́тому и сказа́л: "Возьми́ де́ньги наза́д, а мне позво́ль петь. Лу́чше жить бе́дно, да ве́село."

Бесцеремо́нный гость

Никола́й Фёдоров живёт в Москве́. К нему́ прие́хал из прови́нции гость. Он прие́хал на не́сколько дней.

Прохо́дит неде́ля, друга́я, но гость ничего́ не говори́т о возвраще́нии домо́й.

---

[1] He became bored

"Ваша жена и дети, вероятно, скучают без вас — говорит ему Николай.
— Да, вероятно — отвечает гость. — Я хочу написать им, чтоб они приехали сюда."

Урок вежливости

Николай Петров гулял с сыном в парке. Они встретили Степанова, и Степанов дал мальчику кусочек шоколаду.

"Что надо сказать, Коля¹? — говорит отец мальчику.

"У меня есть² ещё два брата — отвечает мальчик и протягивает Степанову руку.

Два гостя

У одного американца обедали гости. Один из них, молодой человек, увидел на столе горчицу. Он никогда не ел горчицы. Он взял полную ложку горчицы и положил в рот. Из его глаз потекли слёзы.

Рядом с ним сидел старик. Он увидел слёзы на глазах молодого человека и спросил, о чём он плачет. "Я вспомнил моего бедного отца, который недавно умер" — ответил молодой человек.

Вскоре после этого старик увидел горчицу. Он тоже никогда не ел горчицы и тоже попробовал её. Молодой человек увидел на его глазах слёзы. "О чём вы плачете? — спросил он в свою очередь. "О том, что ты не умер вместе с твоим отцом" — ответил старик.

¹ Dim. of Николай, Nicholas.
² I have.

Хоро́ший муж

Ивано́в вхо́дит с жено́й в ма́ленький рестора́н и говори́т: "Да́йте нам, пожа́луйста, хоро́ший обе́д. Мы мно́го гуля́ли, и мы о́чень го́лодны.
— Хоро́ший обе́д? Не могу́ — отвеча́ет хозя́ин рестора́на. — Тепе́рь по́здно, и у нас есть[1] всего́ одна́ котле́та.
— Одна́ котле́та! Кака́я доса́да! Что же бу́дет есть моя́ жена́?"

Два дру́га

"Степа́н, ты меня́ зна́ешь уже́ де́сять лет, пра́вда?
— Да, мой друг, пра́вда.
— Ты меня́ хорошо́ зна́ешь, пра́вда?
— Да, о́чень хорошо́.
— Одолжи́ мне, пожа́луйста, сто рубле́й.
— Не могу́, мой друг, не могу́!
— Но почему́?
— Потому́ что я тебя́ хорошо́ зна́ю."

Обману́л

"Серге́й Петро́вич, вас про́сят[2] к телефо́ну — говори́т учени́к учи́телю. Учи́тель идёт к телефо́ну.
"Серге́й Петро́вич?
— Да.
— Я хочу́ сказа́ть вам, что Ко́ля Степа́нов не мо́жет притти́ сего́дня в класс: он бо́лен, и до́ктор сказа́л ему́ лежа́ть в посте́ли.
— Хорошо́. Но кто у телефо́на?
— Это мой па́па, Серге́й Петро́вич."

[1] We have.
[2] You are wanted.

Скворец

У одного бедного старика сапожника был скворец. Старик очень любил свою птичку; он научил её сказать несколько слов по-русски. Каждый раз, когда сапожник входил в дом, он спрашивал: "Скворушка,[1] где ты?" И птичка всегда отвечала: "Я здесь, дедушка!"

У старика был маленький сосед, восьмилетний[2] мальчик Коля. Коле очень нравился скворец, и он часто приходил к сапожнику послушать, как он говорит. Он очень хотел иметь такую птичку.

Однажды Коля пришёл, когда старика не было дома. Он быстро схватил птичку, спрятал её в карман, и хотел убежать. Но в это время вошёл хозяин скворца. "Скворушка, где ты?" — громко крикнул он. "Я здесь, дедушка!" — ответил скворец из кармана мальчика.

Сокол и петух

Сокол любил своего хозяина, и прилетал к нему, когда он его звал. Петух убегал каждый раз, когда хозяин хотел подойти к нему. Однажды сокол говорит петуху: "Какие вы, петухи, неблагодарные: вы только тогда идёте к хозяину, когда вы голодны. Мы, соколы, не убегаем от людей; мы всегда идём к ним, когда они нас зовут, потому что мы помним, что они нас кормят."

[1] Dim. of скворец.
[2] Eight years old.

"Вы не убегаете от людей, — ответил петух — оттого что вы никогда не видали жареного сокола, а мы очень часто видим жареных петухов".

Доброе сердце

Один слепой нищий умел сказать "спасибо" по-английски, по-русски, по-французски и по-немецки. Чтобы привлечь внимание людей, он повесил на груди вывеску: "Этот слепой — полиглот."

Проходят две женщины. Одна из них читает вывеску и говорит другой: "Несчастный! Вы видели? Он не только слепой, но ещё полиглот!"

Урок музыки

Русский композитор Чайковский увидел однажды на улице шарманщика, который очень плохо играл арию из оперы "Евгений Онегин".[1]

"Ваша музыка ужасна — говорит ему Чайковский.

— Вы ничего не понимаете — отвечает шарманщик. Это очень хорошая музыка; это ария из оперы "Евгений Онегин".

— Да, правда, что это хорошая музыка — засмеялся композитор. — Я её хорошо знаю, так как я сам её написал".

Шарманщик покраснел. "Так вы находите, что я плохо играю?

— Да, мой друг, вы играете неправильно. Вот как это надо играть." С этими словами, Чайковский по-

[1] An opera by Tchaikovsky based on the novel in verse, by the same name, by Pushkin. (See page 50.)

дошёл к шарма́нке и сыгра́л а́рию по своему.¹

Че́рез не́сколько дней Чайко́вский опя́ть встре́тил шарма́нщика. На его́ шарма́нке висе́ла вы́веска: "Учени́к вели́кого компози́тора Чайко́вского."

Следы́

Оте́ц сказа́л сы́ну, чтоб он вбил в сте́ну гвоздь ка́ждый раз, когда́ он соверши́т плохо́й посту́пок, и чтоб вы́рвал из стены́ гвоздь при ка́ждом хоро́шем посту́пке. Сын послу́шался. Ско́ро вся стена́ была́ покры́та гвоздя́ми. Сы́ну ста́ло сты́дно,² и он реши́л испра́виться. Прошло́ не́которое вре́мя, и гво́зди исче́зли оди́н за други́м.

Одна́жды оте́ц подошёл к стене́ и не уви́дел там ни одного́ гвоздя́. Он о́чень обра́довался и сказа́л: "Все гво́зди исче́зли; я о́чень рад, мой сын." Но сын гру́стно посмотре́л на сте́ну, пото́м на отца́, и сказа́л: "Гво́зди исче́зли, э́то пра́вда, но их следы́ оста́лись".

Де́душка

Де́душка стал о́чень стар. Он пло́хо ви́дел и слы́шал. Ру́ки его́ дрожа́ли, и за столо́м он пролива́л суп. Сын де́душки и его́ молода́я жена́ переста́ли сажа́ть старика́ за стол; ста́ли сажа́ть его́ в у́гол, и подава́ть ему́ суп в ста́рой деревя́нной таре́лке. Старику́ ста́ло о́чень бо́льно, но он ничего́ не сказа́л, а то́лько вздохну́л.

У старика́ был³ ма́ленький внук. Одна́жды ма́льчик сиде́л на полу́ и де́лал что́-то из де́рева.

[1] In his own way.
[2] ... became ashamed.
[3] The old man had.

"Что ты делаешь, Миша[1]? — спросила мать.
— Деревянную тарелку — ответил ребёнок. — Когда ты и папа будете стары, я буду вас кормить из этой тарелки."

Отец и мать посмотрели друг на друга. Им стало стыдно.[2] И они стали опять сажать старика за стол.

Умный судья

Богатый купец потерял кошелёк с деньгами. Он объявил в газетах, что в кошельке было две тысячи рублей, и обещал за кошелёк половину этих денег. Один рабочий нашёл кошелёк. Он принёс его купцу и попросил тысячу рублей, которые купец обещал. Но купец не хотел дать ему тысячу рублей. "Вы мне не всё принесли — сказал он. — В кошельке, кроме денег, был драгоценный камень."

Рабочий пошёл к судье. Судья призвал купца и сказал ему: "Вы говорите, что в кошельке было две тысячи рублей и драгоценный камень. В этом кошельке нет камня, значит, кошелёк не ваш. Пусть он остаётся у рабочего пока его хозяин найдётся."

Помощь

Мальчик входит в лавку и спрашивает лавочника: "Сколько стоит фунт кофе?
— Пятьдесят копеек — отвечает лавочник.
— А килограмм сахару?
— Двадцать копеек.
— А фунт чаю?
— Один рубль, пятьдесят копеек.

[1] Dim. of Михаил, Michael.
[2] They were ashamed.

— А ско́лько бу́дет сто́ить три фу́нта ко́фе, два килогра́мма са́хару и фунт ча́ю?
— Три рубля́, со́рок копе́ек.
— А ско́лько вы дади́те мне сда́чи с пяти́ рубле́й?
— Оди́н рубль, шестьдеся́т копе́ек.
— Напиши́те э́то, пожа́луйста, на листе́ бума́ги.
— С удово́льствием."
Ла́вочник пи́шет, даёт ма́льчику лист и спра́шивает: "Так ты хо́чешь три фу́нта ко́фе, два килогра́мма са́хару и фунт ча́ю?
— Нет, я ничего́ не хочу́ — отвеча́ет ма́льчик. — Э́то учи́тель за́дал нам зада́чу. Спаси́бо, что помогли́ мне реши́ть её."
И ма́льчик бы́стро выбега́ет из ла́вки.

Ещё раз[1]

Ма́ленький Ва́ня[2] е́дет в по́езде со свои́ми роди́телями. Он всё вре́мя стои́т у откры́того окна́.

"Не стой у откры́того окна́, — говори́т ему́ оте́ц — ве́тер унесёт твою́ шля́пу."

Но Ва́ня не слу́шается. Он с больши́м интере́сом смо́трит, как поля́, дере́вья и цветы́ бегу́т ми́мо. По́езд идёт бы́стро, и си́льный ве́тер ду́ет в лицо́. Ва́не э́то о́чень нра́вится.[3]

Оте́ц бы́стро снима́ет шля́пу с головы́ Ва́ни, пря́чет её за спи́ну, и говори́т: "Ви́дишь, ты не слу́шался меня́, и ве́тер унёс твою́ шля́пу."

Ва́ня пла́чет. Тогда́ оте́ц говори́т ему́ с улы́бкой: "Не плачь, я зна́ю, как верну́ть твою́ шля́пу. Я сви́стну, и она́ вернётся. Утри́ глаза́!"

[1] Once more.
[2] Dim. of Ива́н, John.
[3] ... likes it.

И пока Ваня утирает глаза, отец быстро надевает ему на голову[1] шляпу. Ване это очень нравится. Он смеётся. Вдруг он быстро снимает с головы шляпу и бросает её за окно.

"Ещё раз, папочка, свистни!"

Гуси

Крестьянин гнал гусей в город, чтоб продать их там. Гуси шли медленно. Крестьянин стал гнать их палкой, чтоб они шли скорее.

По дороге они встретили прохожего, и гуси стали ему жаловаться: "Посмотрите, пожалуйста, как он гонит нас! Нас нельзя так гнать, потому что мы не простые гуси: наши предки очень знамениты."

"Я это знаю,— сказал прохожий — ваши предки...."

"Да, — прервали его гуси — наши предки спасли когда-то Рим. Они знамениты в истории."

"Это ваши предки. Они сделали хорошее дело, и история помнит их. Но вы ничего хорошего не сделали, а потому вы не лучше других гусей. Пусть каждый гордится своими хорошими поступками, а не чужими." *По[2] Крылову.*[3]

Стрекоза и муравей

Было жаркое лето. Весёлая стрекоза была счастлива: везде было много зелёной травы, листьев, цветов. Стрекоза не думала о том, что не всегда будет лето: что за ним придёт осень, а потом зима. Исчезнут цветы и зелёная трава, и на земле будет лежать глубокий снег.

---

[1] ... puts on his head.
[2] Adapted from.
[3] See page 53.

Кра́сная пло́щадь (Совфо́то)

Пришла́ о́сень. Пошёл дождь и поду́л холо́дный ве́тер. Стрекоза́ вспо́мнила, что она́ ничего́ не загото́вила на́ зиму. Что она́ бу́дет есть зимо́й? Она́ пошла́ к муравью́ и попроси́ла его́ одолжи́ть ей немно́го зерна́, чтоб как-нибу́дь прожи́ть до весны́. Мураве́й, кото́рый рабо́тал всё ле́то, спроси́л: "А почему́ у тебя́ ничего́ нет,[1] стрекоза́? Что ты де́лала всё ле́то?"

"Ле́том бы́ло так ве́село, так хорошо́ — отве́тила стрекоза́ — везде́ бы́ло так мно́го зелёной травы́ и цвето́в, что я забы́ла про зи́му. Я всё ле́то пе́ла."

"Ты пе́ла? Это о́чень хорошо́. А тепе́рь иди́ потанцу́й" — сказа́л мураве́й, поверну́лся и ушёл.

По Крыло́ву.[2]

Ва́нька[3]

Ва́ньке Жу́кову де́сять лет.[4] У него́ нет ни отца́, ни ма́тери.[5] Де́душка Ва́ньки привёл его́ из дере́вни в Москву́ три ме́сяца тому́ наза́д и оста́вил его́ служи́ть у чужи́х люде́й.

Пра́здник. Все ушли́ в це́рковь. Ва́нька оста́лся оди́н. Он взял черни́ла, перо́ и лист бума́ги и на́чал писа́ть письмо́.

"Ми́лый де́душка! — писа́л он. — Жела́ю тебе́ весёлых пра́здников. Нет у меня́ ни отца́, ни ма́тери, ты оди́н у меня́ оста́лся.[6]

Вчера́ меня́ хозя́ин поби́л за то, что я засну́л, когда́

[1] How is it that you don't have anything?
[2] See page 53.
[3] Dim. of Ива́н, John.
[4] ...is ten years old.
[5] He has neither father nor mother.
[6] I have no one but you.

качал ребёнка. Хозяйка меня часто бьёт, и все смеются надо мной. А есть мне дают очень мало: утром дают хлеба, на обед каши, и вечером тоже хлеба. Сплю я в коридоре, а когда ребёнок плачет, то не могу спать: я качаю его.

Милый дедушка! Возьми меня домой, в деревню. Я не могу здесь жить. Я здесь умру.''

Ванька заплакал и продолжал писать.

"Я буду всё для тебя делать. Я не могу здесь жить. Хотел убежать в деревню, но у меня нет сапог. А без сапог очень холодно. А когда я буду большой, я за это буду тебя кормить. А когда ты умрёшь, буду за тебя молиться Богу, как молюсь за маму.

"Москва большой город. Дома большие, высокие, и лошадей много, и собаки не злые."

Ванька вздохнул и задумался.

Когда мать Ваньки была жива, она служила у богатых людей. Барышня Ольга Михайловна научила Ваньку читать и писать.

Когда мать Ваньки умерла, дедушка привёл мальчика в Москву.

"Приезжай, милый дедушка, — продолжал Ванька. — Возьми меня отсюда. Пожалей меня. Меня здесь бьют, и я всё время хочу есть.[1] Вчера меня хозяин так ударил, что я упал....

Твой внук Иван Жуков."

Ванька кончил письмо, и написал адрес: "В деревню, дедушке." Потом подумал немного и прибавил:

[1] I am hungry.

"Константи́ну Мака́ровичу." Пото́м он наде́л ша́пку и вы́бежал на у́лицу. Он добежа́л до почто́вого я́щика и опусти́л в него́ письмо́.

Час спустя́, он кре́пко спал, и во сне́ ви́дел де́душку и дере́вню.

По Че́хову.[1]

Пти́чка

Одна́жды Турге́нев[2] с отцо́м пошли́ на охо́ту. Они́ шли по́ лесу. Вдруг Трезо́р, соба́ка Турге́невых, останови́лся: из-под его́ ног вы́летела пти́чка и полете́ла. То́лько полете́ла она́ о́чень стра́нно: поднима́лась, па́дала на зе́млю, пото́м опя́ть поднима́лась и па́дала, как бу́дто она́ была́ ра́неная. Трезо́р схвати́л пти́чку, принёс и по́дал хозя́ину.

"Что э́то? — спроси́л сын — она́ ра́нена?

— Нет, — отве́тил оте́ц — она́ не ра́нена. У неё здесь бли́зко гнездо́ с ма́ленькими, и она́ притвори́лась ра́неной, чтоб обману́ть соба́ку.

— Для чего́ же она́ э́то сде́лала?

— Для того́, что́бы отвести́ соба́ку от свои́х ма́леньких. Пото́м бы она́ хорошо́ полете́ла. То́лько на э́тот раз она́ не могла́ улете́ть от соба́ки.

— Так она́ не ра́нена? — спроси́л сын.

— Нет, — отве́тил оте́ц — но она́ не бу́дет до́лго жить.... Трезо́р, должно́ быть, сли́шком си́льно сжал её зуба́ми."

Турге́нев подошёл бли́же к пти́чке.

Она́ лежа́ла на ладо́ни отца́ и смотре́ла на него́

[1] See page 59.
[2] Russian novelist (1818-1883). See also page 57.

свои́ми ка́рими глаза́ми. И ему́ вдруг ста́ло так жаль[1] её! Ему́ показа́лось, что она́ смо́трит на него́ и ду́мает: "За что я должна́ умере́ть? За то, что я свой долг исполня́ла: стара́лась спасти́ свои́х ма́леньких; отвести́ от них соба́ку? Бедня́жка я, бедня́жка! Несправедли́во э́то, несправедли́во!"

По Турге́неву.

Пари́

I

Была́ тёмная осе́нняя ночь. Ста́рый банки́р ходи́л из угла́ в у́гол по ко́мнате и вспомина́л, как пятна́дцать лет тому́ наза́д он дава́л ве́чер. На э́том ве́чере бы́ло мно́го культу́рных люде́й: бы́ли профессора́, писа́тели, арти́сты.

Заговори́ли о сме́ртной ка́зни. Мно́гие из госте́й говори́ли, что сме́ртную казнь на́до замени́ть заключе́нием.

"Я с ва́ми несогла́сен — сказа́л хозя́ин до́ма, — я ду́маю, что сме́ртная казнь лу́чше заключе́ния: казнь убива́ет сра́зу, а заключе́ние ме́дленно."

"А я ду́маю, — сказа́л оди́н из госте́й, молодо́й юри́ст двадцати́ пяти́ лет — что заключе́ние лу́чше ка́зни: жить хоть как-нибу́дь лу́чше, чем умере́ть."

"Держу́ пари́,[2] — кри́кнул банки́р — что вы не вы́несли бы и пяти́ лет заключе́ния!

"Держу́ пари́, что вы́нес бы не пять, а пятна́дцать лет."

"Пятна́дцать? Хорошо́. Я ста́влю два миллио́на!"

---

[1] He became so sorry for.
[2] I wager.

"Хорошо́. Вы ста́вите два миллио́на, а я свою́ свобо́ду."

В саду́ банки́ра был ма́ленький до́мик, и в э́тот до́мик за́перли юри́ста. Пятна́дцать лет он до́лжен быть там оди́н; никого́ не ви́деть, и не получа́ть пи́сем и газе́т. Он мо́жет име́ть музыка́льные инструме́нты, чита́ть кни́ги, писа́ть пи́сьма, пить вино́ и кури́ть.

В пе́рвый год заключённый о́чень страда́л от одино́чества. Он мно́го игра́л на роя́ле. От вина́ и табаку́ он отказа́лся. Он чита́л мно́го расска́зов, рома́нов и коме́дий.

Во второ́й год он переста́л игра́ть, и чита́л то́лько кла́ссиков. В пя́тый год он опя́ть на́чал игра́ть и попроси́л вина́. Книг он не чита́л. Он мно́го писа́л. Иногда́ он пла́кал.

В шесто́й год он на́чал изуча́ть языки́, филосо́фию и исто́рию. Пото́м, по́сле деся́того го́да он на́чал чита́ть би́блию и исто́рию рели́гий.

В после́дние два го́да он чита́л о́чень мно́го: кни́ги по психоло́гии, Ба́йрона, Шекспи́ра и други́е.

II

Ста́рый банки́р вспомина́л всё э́то и ду́мал: "За́втра в двена́дцать часо́в он получа́ет свобо́ду. Я до́лжен бу́ду дать ему́ два миллио́на; е́сли я э́то сде́лаю, я ста́ну бе́дным челове́ком."

Пятна́дцать лет тому́ наза́д банки́р был о́чень бога́т. Но с тех пор он мно́го игра́л на би́рже и потеря́л свой бога́тства.

"Заче́м э́тот челове́к не у́мер?" ду́мал банки́р. "Ему́ со́рок лет. Он возьмёт мой де́ньги, ста́нет бога́т, а меня́ сде́лает бе́дным. Еди́нственное спасе́ние — смерть э́того челове́ка."

Бы́ло три часа́. В до́ме все спа́ли. Стари́к взял ключ от две́ри, кото́рая не открыва́лась пятна́дцать лет, и вы́шел из до́му.

В саду́ бы́ло темно́ и хо́лодно. Шёл дождь.

"Е́сли я убью́ э́того челове́ка," поду́мал банки́р, "никто́ не узна́ет, что э́то сде́лал я."

Он ти́хо вошёл в пере́днюю. Там бы́ло о́чень темно́. Он зажёг спи́чку. Когда́ спи́чка пога́сла, стари́к загляну́л че́рез ма́ленькое окно́ в ко́мнату заключённого. Там горе́ла свеча́. Заключённый сиде́л у стола́, спино́й к окну́. На столе́, на сту́льях и на ковре́ во́зле стола́ лежа́ли кни́ги.

Банки́р постуча́л па́льцем в окно́, но заключённый не отве́тил. Тогда́ он ти́хо вошёл в ко́мнату.

III

За столо́м сиде́л челове́к. Он спал. На столе́, пе́ред ним, лежа́л лист бума́ги, на кото́ром заключённый что́-то написа́л. Банки́р взял со стола́ лист и прочёл сле́дующее:

"За́втра в двена́дцать часо́в я получа́ю свобо́ду. Но пре́жде чем оста́вить э́ту ко́мнату и уви́деть со́лнце, я хочу́ сказа́ть не́сколько слов.

"Пятна́дцать лет я был здесь оди́н. Я мно́го чита́л. Я внима́тельно изуча́л жизнь. Пра́вда, я не ви́дел земли́ и люде́й, но в ва́ших кни́гах я пил вино́, пел пе́сни, люби́л же́нщин.... В ва́ших кни́гах я поднима́лся на верши́ны Эльбру́са[1] и Монбла́на[2] и ви́дел

[1] The highest mountain summit of the Caucasian range.
[2] The highest mountain in Europe outside the Caucasian range.

оттýда, как по утрáм восходи́ло сóлнце и как по вечерáм онó сади́лось за верши́нами гор. Я ви́дел оттýда мóлнии и тýчи; я ви́дел зелёные лесá, поля́, рéки, городá.... И я мнóго пóнял. Я пóнял, что вы идёте не по той дорóге.[1] Ложь вы принимáете за прáвду. Вы променя́ли нéбо на зéмлю....

"И я откáзываюсь от двух миллиóнов, о котóрых я когдá-то мечтáл. А потомý я вы́йду отсю́да за пять часóв до срóка, и таки́м óбразом потеря́ю э́ти два миллиóна."

Банки́р кóнчил читáть, положи́л лист на стол, поцеловáл человéка в гóлову, заплáкал и вы́шел из дóмика. Он пришёл домóй, лёг, но волнéние мешáло емý уснýть.

Назáвтра стóрож прибежáл и сказáл, что заключённый остáвил нóчью тюрьмý и ушёл.

По Чéхову.[2]

Дóрого стóит

I

На берегý Средизéмного мóря есть мáленькая странá. Называется онá Монáко.[3] В э́той странé всегó пятнáдцать ты́сяч жи́телей, но всё-таки[4] в ней есть настоя́щий князь. У э́того кня́зя есть мини́стры, генерáлы и вóйско. Немнóго вóйска, но всё-таки вóйско.

Монáко извéстно своéй рулéткой. Из всех стран приезжáют в Монáко лю́ди игрáть в рулéтку. Иногдá какóй-нибýдь приéзжий прои́грывает всё, что у

[1] You are not following the right path.
[2] See page 59.
[3] A sovereign principality on the Mediterranean coast.
[4] Nevertheless.

него было, и потом стреляется, но жители Монако живут тихо, спокойно.

Но однажды в этой тихой, спокойной стране один человек убил другого. Убийцу арестовали, судили и присудили отрубить ему голову. Присудить было легко, но как это сделать? В Монако нет ни гильотины, ни палача. Министры думали, думали и решили написать французскому правительству и спросить, не могут ли французы прислать им на время гильотину и палача, и сколько это будет стоить. Написали. Через неделю получился ответ: Франция может прислать гильотину и палача. Это будет стоить пятнадцать тысяч франков.

Князь и министры подумали и решили, что пятнадцать тысяч франков слишком дорого; что преступник не стоит этого.

Решили написать в Италию, и спросить, за какую сумму итальянское правительство согласится прислать свою гильотину и палача. Написали. Через неделю получили ответ. Итальянское правительство пишет, что с удовольствием пришлёт гильотину и палача, и что это будет стоить двенадцать тысяч франков. Это тоже дорого. Что делать?

Опять собрался совет. Думали, думали о том, как убить преступника так, чтобы дорого не стоило. Может быть, кто-нибудь из солдат согласится отрубить ему голову? Но солдаты все отказались: не умеют, говорят, они так убивать.

Опять собрались и решили заменить смертную казнь заключением. Так будет лучше: князь покажет, что он добрый, и будет стоить не очень дорого.

Посадили преступника в тюрьму и сторожа к нему приставили.

II

Прошёл год. Князь посчитал, сколько заключённый стоил ему за этот год и испугался: он стоил шестьсот франков! Заключённый ещё молодой человек, здоровый. Он ещё долго будет жить: он будет стоить правительству очень дорого.

Князь опять созвал совет; что делать, чтоб преступник не стоил так дорого? Решили услать сторожа. А если заключённый уйдёт, тем лучше. Они будут рады. Сторожа услали.

Пришло время обеда. Заключённый ждёт сторожа с обедом, но сторож не приходит. Тогда он вышел из тюрьмы и пошёл за своим обедом. Получил обед, вернулся в тюрьму, запер дверь и сел обедать. И стал он каждый день ходить за обедом.

Видит князь, что заключённый не уходит. Созвал опять министров, и стали они думать, как заставить его уйти. Решили сказать ему, что он им не нужен.[1] Призывает его министр юстиции и говорит: "Отчего вы не уходите? Сторожа нет; можете уйти. Князь не рассердится."

"Князь не рассердится, — ответил заключённый — но куда я пойду? Вы испортили мою репутацию тем, что посадили меня в тюрьму. Мне теперь никто работы не даст. Вы нехорошо поступили со мной. Присудили меня к смертной казни; надо было меня казнить. Но вы не казнили. Я не стал спорить. Потом присудили меня к заключению, и сторожа мне дали, чтоб он приносил мне обед, а потом услали сторожа. Я опять не стал спорить, и сам ходил за обедом. Теперь вы хотите, чтоб я ушёл. Нет, не уйду."

[1] They don't need him.

Созвали опять совет. Что делать? Не уходит. Подумали, подумали и решили назначить ему пенсию. Объявили заключённому решение совета. "Хорошо, — говорит — если вы мне будете аккуратно платить мою пенсию, я уйду."

Получил он часть денег вперёд, и ушёл. Живёт он теперь близко от владений князя. Купил земли, развёл огород, сад, и живёт тихо, спокойно.

Хорошо, что он совершил своё преступление в бедной стране, где не было денег на гильотину и палача, ни на то, чтоб держать человека очень долго в тюрьме.

Толстой,[1] *по Мопассану.*

Орден

I

Учитель военной школы, Лев Пустяков, пришёл к своему другу, лейтенанту Леденцову. "Гриша[2] — попросил он — дай мне, пожалуйста, на сегодня твоего Станислава.[3] Я сегодня обедаю у купца Спичкина. Ты его знаешь; ты знаешь, как он любит ордена. К тому же у него две дочери: Настя и Зина.[4]... Ты понимаешь. Дай, сделай милость!"

Лейтенант дал ему свой орден. В два часа Пустяков ехал к Спичкиным. На его груди сверкал Станислав.

Снимая в передней Спичкина пальто, Пустяков за-

---

[1] See page 54.
[2] Dim. of Григорий.
[3] Станислав and, later, Анна, Владимир — honorary decorations granted by the Czarist government to public officials for distinguished service.
[4] Dim. of Настасия and Зинаида.

Ленингра́д (Совфо́то)

глянул в столовую. Там за столом сидели уже человек пятнадцать[1] и обедали.

Пустяков высоко поднял голову и вошёл в столовую. Но тут он увидел нечто ужасное: за столом сидел его товарищ по службе, учитель французского языка, Трамблян. Что делать? Он не мог показать французу орден: был бы скандал. Уйти? Но уйти было слишком поздно. Он быстро прикрыл правой рукой орден и, никому не подавая руки, сел на стул, как раз против коллеги француза.

Перед Пустяковым поставили тарелку супу. Он взял ложку левой рукой, но, вспомнив, что левой рукой не едят, сказал, что он уже пообедал и есть не хочет.

II

После третьего блюда он посмотрел на француза. Трамблян смотрел на него и тоже ничего не ел.

"Заметил, — подумал Пустяков — завтра скажет директору!"

Хозяева и гости съели четвёртое блюдо, съели и пятое....

Поднялся какой-то высокий господин и сказал: "Выпьем за наших дам!"

Все поднялись. Пустяков поднялся и взял стакан в левую руку.

"Лев Николаевич, передайте, пожалуйста, этот стакан Настасье Тимофеевне! — обратился к нему какой-то мужчина, подавая стакан.

На этот раз Пустяков должен был протянуть правую руку. Станислав засверкал на его груди. Учи-

---

[1] Человек пятнадцать, about fifteen people; пятнадцать человек, fifteen people.

тель побледне́л, опусти́л го́лову и посмотре́л в сто́рону францу́за. Тот смотре́л на него́ удивлёнными глаза́ми. Гу́бы его́ улыба́лись....

"Юлий Августович! — обрати́лся к францу́зу хозя́ин до́ма. — Переда́йте, пожа́луйста, буты́лку сосе́ду!"

Трамбля́н протяну́л ру́ку к буты́лке, и ... о, сча́стье! Пустяко́в увида́л на его́ груди́ о́рден. И то был не Станисла́в, а А́нна! Зна́чит, и францу́з сде́лал то́ же, что он! Пустяко́в засмея́лся от удово́льствия. Тепе́рь уже́ не на́до бы́ло пря́тать Станисла́ва!

"Да-с! — сказа́л Пустяко́в. — Удиви́тельное де́ло, Юлий Августович! Ско́лько у нас учителе́й, а получи́ли ордена́ то́лько вы да я! Уди—ви́—тель—ное де́ло!"

Трамбля́н ве́село закива́л голово́й.

По́сле обе́да Пустяко́в ве́село ходи́л по всем ко́мнатам и пока́зывал ба́рышням о́рден. "Е́сли бы я знал, — ду́мал он — я бы о́рден Влади́мира доста́л. Эх, не догада́лся!"

По Че́хову.

ТЕ́КСТЫ О СОВЕ́ТСКОМ СОЮ́ЗЕ

Москва́

Москва́ — столи́ца СССР. Э́то о́чень ста́рый и интере́сный го́род. Москва́ — центр ру́сской культу́ры. Э́то са́мый большо́й го́род СССР, с населе́нием почти́ в пять миллио́нов жи́телей.

В це́нтре Москвы́, у Москва́-реки́, на холме́, стои́т Кремль. Кремль окружён со всех сторо́н стено́ю. Тут же, у вхо́да в Кремль, нахо́дится **Кра́сная** пло́щадь. На пло́щади стои́т грани́тный мавзоле́й Ле́нина.

В Москве́ мно́го теа́тров, музе́ев, библиоте́к и вы́сших уче́бных заведе́ний. Моско́вский университе́т — са́мый ста́рый университе́т в стране́. Из всех библиоте́к СССР са́мая больша́я и знамени́тая э́то библиоте́ка Ле́нина.

Из моско́вских теа́тров хорошо́ изве́стны не то́лько в СССР, но и за грани́цей, Моско́вский Худо́жественный теа́тр, и о́перный, Большо́й теа́тр.

В Москве́ о́чень мно́го садо́в и па́рков. Са́мый интере́сный и са́мый большо́й из них э́то парк Культу́ры и О́тдыха. В э́том па́рке есть теа́тры, кинемато́графы (кино́) и оди́н о́чень большо́й откры́тый теа́тр, кото́рый называ́ется Зелёный теа́тр.

[1] Union of Soviet Socialist Republics (U.S.S.R.).

Особенно красив и интересен этот парк вечером. Туда приезжают люди отдохнуть и развлечься.

В одном конце парка находится "детский городок". Туда матери приводят детей и оставляют их там, пока они работают. Дети там играют, читают, рисуют.

Московский метрополитен (метро) — самый красивый и удобный в мире.

Каникулы в Москве

"Ваня, — сказал Петров сыну — завтра начинаются каникулы. Ты много работал и хорошо учился, и за это я дам тебе денег на поездку в Москву."

Молодой человек вскочил из-за стола, за которым он работал, и подбежал к отцу. "Спасибо, папа, — радостно заговорил он — мне давно хочется поехать в Москву. Я так много читал и слыхал о театрах, музеях, концертах нашей столицы: я так рад буду поехать туда!"

"Хорошо, — сказал отец — завтра ты поедешь, а когда вернёшься, ты нам расскажешь, где ты был и что ты видел."

Назавтра студент сидел в вагоне поезда "Красная стрела", который быстро увозил его в Москву.

Прошло десять дней, и Ваня счастливый, весёлый, вернулся домой. За ужином он почти ничего не **ел**, и всё время рассказывал о том, что он видел в Москве. Отец и мать внимательно слушали его, а Костя[1], ученик средней школы, всё время прерывал рассказ брата вопросами:

"А в Московском Художественном театре ты был?

[1] Dim. of Константин.

— О, да, туда́ я пошёл в пе́рвый ве́чер, как то́лько прие́хал в Москву́.

— Что там игра́ли? — спроси́ла мать.

— *А́нна Каре́нина*. Кака́я пье́са, и кака́я удиви́тельная игра́!

— Я не зна́ла, что из э́того рома́на Толсто́го сде́лали пье́су.

— О да, уже́ давно́.

— Назавтра я там смотре́л *Три сестры́* Че́хова. По́сле теа́тра я пое́хал в парк метрополите́ном. Кака́я красота́! Всё сде́лано из мра́мора, фарфо́ра, ста́ли. Всё краси́во, чи́сто, блести́т. Я спусти́лся глубоко́ под зе́млю, по широ́кому эскала́тору. Во́здух внизу́ чи́стый, хоро́ший. Тру́дно бы́ло пове́рить, что я так глубоко́ под землёй. Дое́хал я до па́рка Культу́ры и О́тдыха. Там я вы́шел и пошёл в парк.

— А с парашю́том с ба́шни ты не спуска́лся? — спроси́л Ко́стя.

— Спуска́лся.

— А не стра́шно бы́ло?

— Снача́ла, немно́го — отве́тил ста́рший брат и опусти́л глаза́. Все засмея́лись.

— В па́рке я провёл весь день — продолжа́л расска́зчик. — Был в кино́, в Де́тском городке́, а ве́чером — в Зелёном теа́тре.

— А э́то что тако́е?

— Э́то огро́мный теа́тр на откры́том во́здухе. Там я слы́шал о́перу *Ти́хий Дон*. По́мнишь, Ко́стя, мы вме́сте чита́ли *Ти́хий Дон* Шо́лохова. Компози́тор Джерзи́нский написа́л о́перу по э́тому рома́ну.

— Ну, дово́льно на сего́дня — сказа́ла мать. — Ты уста́л, иди́ спать. За́втра расска́жешь остально́е."

— Нет, мама, — засмеялся Ваня — за один день не расскажешь всего. Но ты права, я очень устал. Спокойной ночи!"

Московское метро

Если вы когда-нибудь будете в Москве и, гуляя по городу, увидите большую букву "М", подойдите близко. Эта буква указывает вход на станцию московской подземной железной дороги, — метро.

Московское метро, первая подземная железная дорога страны, началось строиться в 1931-м (тысяча девятьсот тридцать первом) году. Постройка подземной дороги всегда представляет очень трудную задачу, но в Москве эта задача была особенно трудна: улицы старого города были узкие и кривые; под землёй было много очень старых построек. Но главная трудность была в том, что почва, на которой стоит Москва, мягкая, а у русских тогда не было нужного опыта: они не знали, как замораживать почву; как, при помощи химических процессов, делать её твёрдой. Всё это они узнали позже, а пока у них не было опыта; не было ещё хороших, опытных инженеров и рабочих; не было нужных машин. Трудно, а, может быть, и невозможно, было бы решить эту задачу, еслиб весь народ не принял живого участия в этой постройке. Со всех концов страны стали приезжать в Москву люди, чтобы своей работой помочь строить метро. Московское метро строилось так, как когда-то строились храмы в больших городах Европы. Многие отдавали своё свобод-

Вход в метро (Совфо́то)

ное вре́мя, ча́сто рабо́тая беспла́тно. Число́ люде́й, рабо́тавших на постро́йке метро́, ча́сто доходи́ло до 65.000 (шести́десяти пяти́ ты́сяч) челове́к, — мужчи́н и же́нщин. Други́е, живу́щие далеко́ и потому́ не принима́вшие уча́стия в рабо́те, помога́ли, как могли́: из Сиби́ри присыла́ли ре́льсы; из Каре́лии и Кры́ма, с Кавка́за и Ура́ла — мра́мор; с далёкого се́вера — де́рево; с Во́лги и се́верного Кавка́за — цеме́нт. Стро́или метро́ не то́лько так, чтоб в нём мо́жно бы́ло прое́хать, а так, чтоб мо́жно бы́ло прое́хать с удово́льствием, и отдохну́ть в нём по́сле дня рабо́ты.

И вот тепе́рь, гля́дя на результа́ты свое́й до́лгой и тру́дной рабо́ты, ру́сские гордя́тся моско́вским метро́, лю́бят и берегу́т его́. Ста́нции метро́ всё вре́мя мо́ются и чи́стятся. Нигде́ не уви́дишь бро́шенной на пол спи́чки или бума́жки. Пу́блика вхо́дит в метро́, как вхо́дят в хоро́ший оте́ль. Спустя́сь по краси́вому, широ́кому эскала́тору вниз и ожида́я там по́езда, гуля́ют по ка́менному полу́, укра́шенному ра́зными рису́нками моза́ики. Гуля́ть здесь удо́бно и прия́тно. Туннéль метро́ так широ́к, что да́же в часы́ си́льного движе́ния там не те́сно. Во́здух всегда́ све́жий, чи́стый; температу́ра ро́вная, прия́тная. Краси́вые мра́морные коло́нны поднима́ются до высо́кого потолка́. Сте́ны то́же отде́ланы мра́мором. Краси́вые ла́мпы льют прия́тный мя́гкий свет. Поезда́, с обтека́емыми ваго́нами, краси́вы, чи́сты, удо́бны.

Ста́нции метро́ не похо́жи одна́ на другу́ю ни свое́й архитекту́рой, ни цве́том мра́мора, ни да́же ла́мпами. Так наприме́р, на у́лице Го́рького, гла́вной у́лице Москвы́, есть шесть ста́нций. На отде́лку э́тих ста́нций было употреблено тринадцать родов мрамора, привезенного с разных концов Союза: с Урала, Дальнего Востока, из Армении, Грузии, Узбекистана и Сибири.

Любят русские московское метро и гордятся им. Любят его до того, что часто ездят в нём не по делу, а для прогулки.

Рассказ красноармейца

Идёт бой, а патронов нехватает. Кто их нам доставит под огнём неприятеля? Но что это несётся по полю? Собаки! Это наши собаки! Они бегут к нам!

Вот подбегают они совсем близко. У одной пуля оторвала ухо; другая ранена в ногу. Третья здорова, но очень устала, тяжело дышит.

По бокам у собак висят сумки, а в сумках патроны. Мы отвязали сумки, перевязали раненых собак, и они побежали обратно.

А вот ещё что случилось со мной на войне. Ночь. Я лежу в поле с раной в ноге. Хочу пить.... Вдали я вижу огоньки. Это наши, русские, только далеко они от меня, не увидят меня.

Вдруг вижу: что-то несётся по полю. Всё ближе и ближе.... Собака! Наша собака! Подбегает она ко мне. На боку у неё висит сумка, а в сумке — фляжка. Я взял фляжку, выпил. Сразу стал бодрее.

Достал я из сумки бинт, перевязал, как умел, свою рану. Встал, и медленно пошёл к огонькам. А собака убежала искать других раненых.

Фортунатова, "Книга для чтения."

Среди льдов

На далёком се́вере лежи́т мо́ре, покры́тое ве́чным льдо́м. Реши́ли лю́ди лете́ть на се́вер в дирижа́бле, чтоб изучи́ть э́ту страну́. Дирижа́бль засти́гла бу́ря. Посла́ли с дирижа́бля изве́стие по ра́дио: "Спаса́йте! Нас засти́гла бу́ря!"

Сове́тский парохо́д "Кра́син" отпра́вился спаса́ть люде́й.

Идёт парохо́д на далёкий се́вер. Круго́м лёд да лёд. И чем да́льше, тем то́лще[1] лёд; тем трудне́е парохо́ду итти́ вперёд.

С парохо́да спусти́ли аэропла́н, и он полете́л иска́ть люде́й. До́лго лете́л аэропла́н, и, наконе́ц, с аэропла́на уви́дели, что на снегу́ лежа́т лю́ди. Они́ бы́ли жи́вы, дви́гались. Им сбро́сили с аэропла́на пи́щу, и да́ли знать[2] по ра́дио на парохо́д, чтоб скоре́е шли их спаса́ть. Опя́ть стал "Кра́син" боро́ться со льдом. Наконе́ц, он нашёл люде́й и спас их.

Почти́ пятьдеся́т дней про́были э́ти лю́ди среди́ льдов.

Фортуна́това, "Кни́га для чте́ния."

Как я пры́гала с самолёта

Был я́сный, моро́зный день, когда́ я пе́рвый раз пры́гала с парашю́том.

Парашю́т наде́ли мне на спи́ну. Когда́ я была́ совсе́м гото́ва, ко мне подошёл нача́льник парашю́тной шко́лы. Он улыбну́лся, посмотре́л внима́тельно и говори́т: "Тепе́рь парашю́т стесня́ет вас, но в во́здухе

---

[1] The farther, the thicker...
[2] Sent word.

вы этого не будете чувствовать. На землю не смотрите; ждите сигнала. Когда лётчик даст сигнал, прыгайте. Потом считайте: *раз, два, три*. . . . Тогда только можете открыть парашют, но не раньше. Если откроете слишком рано, может быть несчастье."

Иду к самолёту. Лётчик уже на своём месте. Он что-то кричит, но из-за шума мотора я не слышу. Я сажусь в самолёт. Машина бежит. Потом вздрагивает и быстро поднимается вверх.

Поднялись на 600[1] метров. Лётчик обернулся. Улыбается. Я стала на край самолёта. На землю нельзя смотреть. Не смотрю. Смотрю вперёд, жду сигнала. Лётчик махнул рукой. Я прыгнула. . . . Поплыло всё перед моими глазами. Только чувствую, как холодный ветер дует в лицо. И кажется, что я плыву вниз по течению быстрой реки. А воды нет. Вокруг всё бело и сине. Сначала я летела медленно. Потом все быстрей и быстрей.

Думаю: "Скоро земля"!

Вот ближе, ближе белое поле. Приготовилась. Теперь, когда я это рассказываю, смешно. А тогда даже глаза закрыла.

Упала. Ко мне подбежали. . . .

Подошли инструктора, начальник школы. Поздравляют. Благодарю. Мне приятно и радостно.

Воспоминания русской лётчицы.

Радио

Кроме телеграфа и телефона теперь устраивают радиотелеграф и радиотелефон. Радиотелеграф сто-

[1] Шестьсот.

ит гораздо дешевле обыкновенного телеграфа: для него не нужно проводить проволоки.

Когда огромный атлантический пароход "Титаник" наскочил на ледяную гору и стал итти ко дну, радио-телеграфист всё время посылал по радио-телеграфу три буквы: SOS. Это значит: "Спасите наши души." Радио с "Титаника" было принято другими пароходами; некоторые из них поспешили ему на помощь и спасли много пассажиров.

Теперь, благодаря радио, можно передавать по воздуху без проволок настоящий разговор, т.е.[1] устроили беспроволочный телефон; так что концерт или оперу, которые идут в Москве, можно слышать за тысячи километров от Москвы.

Их можно не только слышать, но и видеть. Для этого служит телевидение. Дети и взрослые любят сидеть в свободное время у телевизора и смотреть интересные пьесы, красивый балет. Благодаря телевидению, можно видеть и слышать, что происходит на свете.

О рождении и жизни волшебных сказок и мифов

Мифы создались в старину народом, который желал хотя бы в сказке представить себе счастливую жизнь и освобождение от рабского труда; русские сказки рассказывают о ковре-самолёте[2], о дворце, построенном в одну ночь, о мельнице, которая сама мелет[3]; греческий миф о Дедале говорит о полёте на крыльях.

То, о чём мечтали люди в глубокой древности,

[1] То-есть That is to say.
[2] Magic carpet.
[3] from молоть, to grind, mill

о чём они слагали сказки, с течением времени воплотилось в жизнь[1] Люди изобрели паровоз, позводную лодку, радио.

Сказки и мифы рассказывают о подвигах народных героев.

Кто читал арабские сказки "Тысяча и одна ночь", тот знает, что у них много общего с русскими сказками. Сказки крымских татар, сказки кавказских народов похожи на русские и греческие.

Чем объяснить это сходство? Оно объясняется тем, что население разных стран проходит через одинаковые условия жизни. А потому русский крестьянин и рабочий хорошо понимали думы греческого крестьянина и бедняка-татарина. Сказка интернациональна. Сказки путешествуют, кочуют, быстро переходят от народа к народу, поэтому в мифах о Геракле мы находим много общего с русскими сказками.

Видное место в русском фольклоре занимают былины. Былины — это песни; они рассказывают о подвигах богатырей. В былинах отражается историческое прошлое: в них говорится, например, о городе Киеве, о князе Владимире, о половцах и татарах, нападающих на русскую землю.

Былины дошли к нам из глубокой старины, переходя от поколения к поколению, из уст в уста[2]. Это народная поэзия, так же как сказка и песня. Исполнители былин называются сказителями.

Много сказителей живёт на севере Советского Союза, вокруг Онежского озера, на берегах Белого

---

[1] became reality
[2] From mouth to mouth

Sovfoto
Моско́вский Госуда́рственный Университе́т и́мени М. В. Ломоно́сова

моря и Ледовитого Океана. Они знают былины от своих отцов и дедов, а те[1], в свою очередь, переняли их от своих отцов и дедов.

Северные рыбаки исполняют былины в долгие зимние вечера; поют былины в лодках, когда часами плывут за рыбой по широкому Онежскому озеру и по морю.

Слушают былины внимательно. Молодёжь старается запомнить былину, повторяет её наизусть.

По "Родная литература"
Хрестоматия[2]

для пятого класса
(1946)

Кровные родственники

Однажды в Москве был митинг доноров. На этом митинге было больше трёх тысяч человек. Молодая блондинка с большими голубыми глазами сидела рядом с широкоплечим лётчиком. От времени до времени они смотрели друг на друга, краснели и опускали глаза. Друзья их улыбались, и кто-то заметил, что они не должны краснеть, так как они давно уже стали кровными родственниками.

Девушка эта была Александра Токарева, студентка Московского института иностранных языков, а лётчик — Николай Казанский, жизнь которого Александра спасла своей кровью.

Год тому назад самолёт, в котором летел Казанский, загорелся. Скоро начала гореть его одежда. Лётчик выпрыгнул из самолёта и, весь в огне, упал на землю. Его отправили в госпиталь. Жизнь его

[1] The latter
[2] Reader

была́ в опа́сности. Тогда́ ему́ сде́лали перелива́ние кро́ви, и больно́й на́чал ме́дленно выздора́вливать.

Одна́жды сестра́ милосе́рдия показа́ла Каза́нскому запи́ску, кото́рая была́ привя́зана к ба́ночке; в э́той ба́ночке была́ кровь Алекса́ндры. Молодо́й лётчик прочита́л сле́дующее: "Дорого́й бое́ц! Кто бы ты ни был,[1] по́мни, что я ду́маю о тебе́ и наде́юсь, что моя́ кровь помо́жет тебе́ вы́здороветь." Сле́довали и́мя, фами́лия и а́дрес Алекса́ндры. Каза́нский попроси́л сестру́ написа́ть Алекса́ндре. Ме́жду молоды́ми людьми́ завяза́лась перепи́ска. Когда́ лётчик получи́л о́тпуск, он прие́хал в Москву́, что́бы ли́чно поблагодари́ть де́вушку, кровь кото́рой спасла́ ему́ жизнь.

И вот тепе́рь на ми́тинге они́ сиде́ли ря́дом. От вре́мени до вре́мени они́ смотре́ли друг на дру́га, красне́ли и опуска́ли глаза́. О́ба бы́ли сча́стливы.

Из сове́тской сво́дки за 30^е ноября́ 1943-го го́да.

[1] Whoever you are.

КРА́ТКАЯ БИОГРА́ФИЯ НЕ́КОТОРЫХ ПИСА́ТЕЛЕЙ

Пу́шкин (1799—1837)

Уже́ бо́льше ста лет прошло́ со дня́ сме́рти Пу́шкина, но он всё ещё остаётся са́мым вели́ким ру́сским поэ́том.

С Пу́шкиным ру́сская литерату́ра соверше́нно измени́лась. Он дал ей но́вый язы́к, но́вый тон, но́вое содержа́ние. До Пу́шкина ру́сские поэ́ты и писа́тели писа́ли не просты́м, есте́ственным языко́м. В их языке́ бы́ло мно́го иску́сственного. Пу́шкин очи́стил ру́сский язы́к от всего́ иску́сственного; сде́лал его́ просты́м, поня́тным для всех. Вме́сте с тем, язы́к Пу́шкина о́чень бога́т и разнообра́зен. Бога́ты и разнообра́зны та́кже мы́сли и осо́бенно чу́вства, кото́рыми полны́ все произведе́ния поэ́та. Ни оди́н ру́сский поэ́т не вы́разил так мно́го не́жных, глубо́ких челове́ческих чувств и в таки́х разнообра́зных выраже́ниях, как э́то сде́лал Пу́шкин. Не́которые кри́тики нахо́дят, что по красоте́ свои́х стихо́в Пу́шкин оди́н из са́мых вели́ких поэ́тов ми́ра.

Пу́шкин вели́к ещё и тем, что дал в свои́х произведе́ниях портре́ты люде́й, взя́тых пря́мо из жи́зни. Нарисо́ванные им ти́пы по́зже ста́ли гла́вной те́мой ру́сской литерату́ры. О них мно́го писа́ли Ле́рмонтов, Турге́нев, Че́хов и други́е вели́кие поэ́ты и писа́тели. По свои́м портре́там ру́сских люде́й и прекра́сным карти́нам ру́сской жи́зни того́ вре́мени Пу́шкин явля́ется пе́рвым реали́стом в ру́сской поэ́зии.

Алекса́ндр Серге́евич Пу́шкин роди́лся в Москве́. Когда́ он был ребёнком, у него́ была́ ня́ня, кото́рая зна́ла мно́го краси́вых ру́сских ска́зок. Пу́шкин люби́л слу́шать э́ти ска́зки, кото́рые она́ о́чень хорошо́ расска́зывала. Благодаря́ ня́не, Пу́шкин полюби́л наро́дную ру́сскую поэ́зию, ру́сский фолькло́р, и по́зже, когда́ стал вели́ким поэ́том, ча́сто брал отту́да сюже́ты для свои́х стихо́в.

Са́мые изве́стные произведе́ния Пу́шкина э́то: "Евге́ний Оне́гин," "Бори́с Годуно́в" и "Цыга́ны." Поми́мо э́тих и други́х дли́нных произведе́ний, Пу́шкин написа́л о́чень мно́го небольши́х лири́ческих стихотворе́ний. Пу́шкин написа́л та́кже не́сколько произведе́ний в про́зе. Са́мые изве́стные из них э́то "Пи́ковая да́ма" и "Капита́нская до́чка."

Ле́рмонтов (1814—1841)

Михаи́л Ю́рьевич Ле́рмонтов роди́лся в 1814-м (ты́сяча восемьсо́т четы́рнадцатом) году́, в Москве́. Когда́ ему́ бы́ло три го́да, умерла́ его́ мать, и ба́бушка ма́льчика взяла́ ребёнка и воспита́ла его́.

Ле́рмонтов получи́л вое́нное образова́ние. Он был офице́р.

Ле́рмонтов на́чал писа́ть стихотворе́ния, когда́ ему́ бы́ло четы́рнадцать лет. Как Пу́шкин, он ра́ньше писа́л по-францу́зски, пото́м по-ру́сски.

Когда́ Ле́рмонтову бы́ло де́сять лет, он пое́хал с ба́бушкой на Кавка́з. Красота́ приро́ды Кавка́за произвела́ на ма́льчика о́чень си́льное впечатле́ние. По́зже, уже́ взро́слым, он ещё не́сколько раз был на

Грузия (Совфото)

Кавка́зе, и любо́вь его́ к Кавка́зу всё вре́мя росла́. Во мно́гих свои́х произведе́ниях он даёт нам замеча́тельное описа́ние кавка́зской приро́ды: гор, лесо́в, степе́й. Ле́рмонтова ча́сто называ́ют "певе́ц Кавка́за."

Там же, на Кавка́зе, Ле́рмонтов был уби́т на дуэ́ли в 1841-м (ты́сяча восемьсо́т со́рок пе́рвом) году́.

Несмотря́ на то, что Ле́рмонтов у́мер о́чень молоды́м, он оста́вил нам о́чень бога́тое литерату́рное насле́дство: мно́го коро́тких лири́ческих стихотворе́ний и не́сколько дли́нных произведе́ний в стиха́х. Его́ стихи́, по свое́й си́ле и красоте́, ча́сто не уступа́ют[1] стиха́м Пу́шкина.

Са́мые изве́стные из его́ дли́нных произведе́ний э́то "Де́мон", "Мцы́ри"[2] и "Пе́сня про купца́ Кала́шникова."

Поми́мо стихо́в, Ле́рмонтов написа́л замеча́тельное произведе́ние в про́зе: бессме́ртный рома́н "Геро́й на́шего вре́мени." В э́том рома́не он даёт нам прекра́сный тип ру́сского молодо́го челове́ка того́ вре́мени.

Крыло́в (1769—1844)

Знамени́тый ру́сский баснопи́сец Крыло́в роди́лся в 1769-м (ты́сяча семьсо́т шестьдеся́т девя́том) году́.

Пу́шкин сказа́л про Крыло́ва, что он са́мый наро́дный из ру́сских поэ́тов. Он э́то сказа́л потому́, что язы́к Крыло́ва — наро́дный ру́сский язы́к, а та́кже потому́, что Крыло́в в свои́х ба́снях о́чень пра́вильно рису́ет мно́гих ру́сских люде́й и не́которые сто́роны ру́сской жи́зни того́ вре́мени.

---

[1] Are not inferior.
[2] A Georgian word signifying "a novice."

Крыло́в взял мно́го сюже́тов для свои́х ба́сен у францу́зского баснопи́сца Ляфонте́на. Но э́ти сюже́ты он переда́л на тако́м хоро́шем ру́сском языке́, и живо́тные его́ ба́сен изобража́ют таки́х характе́рных ру́сских люде́й, что э́ти ба́сни не просто́е подража́ние Ляфонте́ну. У Ляфонте́на Крыло́в взял то́лько иде́ю. Всё остально́е, как лю́ди, так и жизнь, кото́рые он рису́ет, чи́сто ру́сские.

Крыло́в написа́л та́кже мно́го свои́х, оригина́льных ба́сен.

Крыло́в у́мер в 1844-м (ты́сяча восемьсо́т со́рок четвёртом) году́.

Толсто́й (1828—1910)

Лев Никола́евич Толсто́й роди́лся в 1828-м (ты́сяча восемьсо́т два́дцать восьмо́м) году́ в селе́ Ясная Поля́на.

Когда́ Толсто́й был молоды́м челове́ком, он ниче́м не отлича́лся от други́х молоды́х аристокра́тов его́ вре́мени: жил ве́село, без забо́т.

В 1851-м (ты́сяча восемьсо́т пятьдеся́т пе́рвом) году́ Толсто́й пое́хал на Кавка́з. Там он сде́лался офице́ром, и оста́лся служи́ть.

Приро́да и лю́ди Кавка́за си́льно повлия́ли на Толсто́го. Там он в пе́рвый раз в жи́зни на́чал серьёзно ду́мать о лю́дях, о жи́зни, о рели́гии. Там же он написа́л свои́ пе́рвые произведе́ния, кото́рые сра́зу сде́лали его́ знамени́тым. В них ви́ден тала́нт вели́кого худо́жника. Его́ са́мое лу́чшее произведе́ние того́ вре́мени э́то рома́н "Каза́ки."

В конце́ 1853-го (ты́сяча восемьсо́т пятьдеся́т тре́тьего) го́да начала́сь Кры́мская война́, и Толсто́й

Крым (Совфо́то)

уе́хал в Крым. Он там принима́л уча́стие в защи́те Севасто́поля, кото́рый враги́ осажда́ли оди́ннадцать ме́сяцев. Во вре́мя оса́ды Толсто́й писа́л свои́ вое́нные расска́зы: "Севасто́поль в декабре́," "Севасто́поль в ма́е" и "Севасто́поль в а́вгусте."

По́сле войны́ Толсто́й оста́вил а́рмию, и верну́лся в Я́сную Поля́ну. Там он продолжа́л иска́ть отве́ты на социа́льные, экономи́ческие, полити́ческие и религио́зные вопро́сы, кото́рые му́чили его́.

Са́мые значи́тельные произведе́ния Толсто́го э́то его́ два рома́на: "Война́ и мир" и "А́нна Каре́нина." В них, осо́бенно в пе́рвом, Толсто́й даёт нам широ́кую панора́му ру́сской жи́зни девятна́дцатого ве́ка.

После́дние го́ды свое́й жи́зни Толсто́й был за́нят гла́вным о́бразом религио́зными вопро́сами. К произведе́ниям э́того пери́ода отно́сятся: "В чём моя́ ве́ра," "Христиа́нское уче́ние," "Жизнь и уче́ние Иису́са," и други́е.

Толсто́й у́мер в 1910-м (ты́сяча девятьсо́т деся́том) году́.

Турге́нев (1818—1883)

Ива́н Серге́евич Турге́нев роди́лся в 1818-м (ты́сяча восемьсо́т восемна́дцатом) году́. Оте́ц Турге́нева был арме́йский офице́р, а мать — бога́тая поме́щица. Мать писа́теля отлича́лась жесто́костью хара́ктера, от кото́рого страда́ли все в до́ме, как слу́ги, так и чле́ны семьи́. Очень ча́сто в де́тстве Турге́нев быва́л свиде́телем жесто́ких сцен наказа́ния слуг. Э́ти сце́ны оста́лись на всю жизнь в па́мяти писа́теля. Ра́но в жи́зни Турге́нев по́нял, что крепостни́чество бы́ло гла́вной причи́ной зла, кото́рое он ви́дел в име́-

нии своей матери и которое причинило ему так много моральных страданий. И он решил бороться против него всеми силами.

Его первое крупное произведение, написанное пером великого художника, нанесло большой удар крепостничеству. Это произведение—"Записки охотника." Это сборник рассказов, в которых автор нарисовал замечательную картину тяжёлой жизни крестьян.

Но главная заслуга Тургенева, как писателя, состоит в его шести бессмертных романах.[1] В этих романах автор даёт нам прекрасную картину русской жизни второй половины девятнадцатого века. Он также рисует замечательные типы русского мужчины и русской женщины того времени.

Помимо романов и "Записки охотника," Тургенев написал много других рассказов и несколько пьес.

Тургенев умер в 1883-м (тысяча восемьсот восемьдесят третьем) году.

Достоевский (1821—1881)

Фёдор Михайлович Достоевский родился в 1821-м (тысяча восемьсот двадцать первом) году в Москве.

Достоевский учился раньше в средней школе в Москве, потом в инженерном училище в Петербурге. Окончив училище, он стал чиновником, но через год бросил службу и начал писать. Жил он бедно, в маленькой комнатке, и здесь он работал над своим

---

[1] "Рудин", "Дворянское гнездо", "Накануне", "Отцы и дети", "Дым" и "Новь". ("Rudin", "A Nobleman's Retreat", "On the Eve", "Fathers and Sons", "Smoke", and "Virgin Soil".)

пе́рвым рома́ном "Бе́дные лю́ди". В 1846-м (ты́сяча восемьсо́т со́рок шесто́м) году́ э́тот рома́н был напеча́тан и име́л большо́й успе́х. Достое́вский стано́вится[1] изве́стным.

Достое́вский на́чал интересова́ться социа́льными вопро́сами, и ско́ро стал чле́ном та́йного кружка́.[2] За э́то его́ арестова́ли и сосла́ли в Сиби́рь.

Че́рез де́сять лет, в 1860-м (ты́сяча восемьсо́т шестидеся́том) году́ Достое́вский возвраща́ется в Петербу́рг,[3] и ско́ро начина́ют выходи́ть его́ са́мые знамени́тые рома́ны: "Преступле́ние и наказа́ние", "Бра́тья Карама́зовы", "Идио́т" и други́е.

Достое́вский знамени́т не то́лько как писа́тель, но и как вели́кий психо́лог. Он оста́вил психоло́гии о́чень бога́тое насле́дство.

Че́хов (1860—1904)

Анто́н Па́влович Че́хов роди́лся в 1860-м (ты́сяча восемьсо́т шестидеся́том) году́, в семье́ бы́вшего крепостно́го. Че́хов учи́лся ра́ньше в гимна́зии, пото́м в Моско́вском университе́те, на медици́нском факульте́те. Око́нчив университе́т, он не́которое вре́мя рабо́тал в го́спитале; пото́м бро́сил медици́ну, и на́чал писа́ть.

Пе́рвые расска́зы Че́хова весёлые, живы́е, по́лные ю́мора. Но юмори́стом он был недо́лго. Ско́ро его́ расска́зы ста́ли серьёзными, гру́стными, потому́ что они́ отража́ют ру́сскую жизнь того́ вре́мени — второ́й полови́ны девятна́дцатого ве́ка.

Но Че́хов изве́стен не то́лько свои́ми расска́зами.

---

[1] Becomes.
[2] Secret circle.
[3] Тепе́рь Ленингра́д.

Не менее знаменит он своими пьесами. Все его пьесы, за исключением одной, отражают пессимизм русской интеллигенции восьмидесятых годов прошлого века. Эти пьесы: "Иванов," "Дядя Ваня," "Чайка" и "Три сестры." Исключением является "Вишнёвый сад," пьеса, написанная за несколько месяцев до смерти Чехова. Это исключение объясняется тем, что в самом конце девятнадцатого века русская интеллигенция, вдохновлённая новыми идеями, стала бодрее смотреть на жизнь, на будущее.

Чехов очень объективный писатель. Он рисует жизнь и людей такими, какими он их видел, какими они были.

Чехов не только великий художник, но и великий психолог. Часто в коротеньком рассказе он даёт нам целую глубокую человеческую трагедию.

Чехов умер в 1904-м (тысяча девятьсот четвёртом) году.

Короленко (1853—1921)

Владимир Галактионович Короленко родился в 1853-м (тысяча восемьсот пятьдесят третьем) году. Рано в жизни узнал он нужду и горе. Когда ему было пятнадцать лет, умер его отец, оставив семью в нужде. Студенческие годы Короленко были очень тяжёлые, так как надо было учиться и в то же время зарабатывать себе на жизнь.[1] Позже, вспоминая свои студенческие годы, он рассказывал, что обед за семнадцать копеек был тогда большой роскошью для него.

Однако, студенческие годы не были самыми тяжёлыми в его жизни. Когда ему было двадцать шесть

---

[1] Work for a living.

лет, его арестовали и сослали в Сибирь. Шесть лет прожил Короленко в Сибири, страдая от холода, одиночества и лишений. К этому периоду его жизни относятся некоторые из его лучших рассказов, как "Сон Макара," "Огоньки" и другие.

По окончанию срока ссылки, Короленко вернулся в Европейскую Россию, где умер в 1921-м (тысяча девятьсот двадцать первом) году.

Рассказы Короленко замечательны красотой языка, своей силой и очень интересным содержанием.

Несмотря на тяжёлую жизнь, Короленко был оптимистом. Он верил в то, что в жизни людей, даже в самые тяжёлые минуты, есть "огоньки,"[1] которые мелькают в темноте, манят людей и дают им бодрость и надежду.

Самое известное произведение Короленко это его роман "Слепой музыкант."

Горький (1868—1936)

Максим Горький (Алексей Максимович Пешков) родился в 1868-м (тысяча восемьсот шестьдесят восьмом) году. Отец Горького был рабочий. Горький рано в детстве потерял отца, и жил у дедушки. Дедушка был грубый, жестокий человек, и часто бил мальчика. В доме дедушки мальчик часто слышал брань и ссоры. Ссорились пьяные дяди ребёнка, и не только ссорились, но и дрались. Единственный симпатичный человек в семье была умная, добрая бабушка Горького, которую мальчик очень любил. Он любил её не только за доброту и за её любовь к нему, но также и за интересные сказки, которые

---

[1] См. рассказ Короленко "Огоньки".

она́ о́чень хорошо́ расска́зывала, и за краси́вые пе́сни, кото́рые она́ ему́ пе́ла. Го́рький узна́л от ба́бушки мно́го ска́зок и пе́сен, и о́чень полюби́л ру́сский фолькло́р.

Когда́ ма́льчику бы́ло де́вять лет, де́душка о́тдал его́ в уче́ние к сапо́жнику. Жизнь его́ у сапо́жника была́ о́чень тяжёлая: корми́ли его́ пло́хо, и ча́сто би́ли его́. Го́рький сбежа́л, и стал броди́ть по бе́регу Во́лги. Зараба́тывал де́ньги, как мог: собира́л тря́пки и продава́л, пел в це́ркви, служи́л садо́вником. А два го́да ходи́л по ю́гу Росси́и, иногда́ оди́н, иногда́ с босяка́ми.

Го́рький мно́го пережи́л. Но несмотря́ на тяжёлую жизнь, он всегда́ был оптими́стом. Он люби́л жизнь, люби́л люде́й и ве́рил в них. Э́ту глубо́кую любо́вь и ве́ру он вы́разил в свои́х произведе́ниях.

Го́рький стал знамени́т по́сле пе́рвого расска́за, кото́рый он напеча́тал. И не́которое вре́мя по́сле э́того он продолжа́л писа́ть расска́зы. По́зже он стал писа́ть та́кже рома́ны и пье́сы, кото́рые ещё бо́лее изве́стны, чем его́ расска́зы.

Го́рький вели́кий худо́жник. Он осо́бенно хоро́ш в свои́х описа́ниях приро́ды.

Го́рький дал нам прекра́сные описа́ния ру́сских люде́й и ру́сской жи́зни, кото́рые он о́чень хорошо́ знал. Он нарисова́л мно́го сторо́н э́той жи́зни. Так, наприме́р, в свои́х рома́нах: "Фома́ Горде́ев," "Городо́к Оку́ров," "Де́ло Артамо́новых" он познако́мил нас с жи́знью ру́сских купцо́в; его́ рома́ны "Мать" и "Жизнь Кли́ма Самгина́" рису́ют карти́ну ру́сской револю́ции.

Из его́ пьес, напи́санных до револю́ции, са́мая изве́стная э́то "На дне." По́сле револю́ции он написа́л не́сколько пьес, из кото́рых са́мая изве́стная э́то "Его́р Булычо́в и други́е."

Го́рький у́мер в 1936-м (ты́сяча девятьсо́т три́дцать шесто́м) году́.

Шо́лохов

Михаи́л Алекса́ндрович Шо́лохов роди́лся в 1905-м (ты́сяча девятьсо́т пя́том) году́. Каза́к по происхожде́нию, он вы́рос среди́ каза́ков, жизнь кото́рых он о́чень хорошо́ знал и прекра́сно описа́л в свои́х произведе́ниях.

Когда́ Шо́лохову бы́ло восемна́дцать лет, он на́чал писа́ть расска́зы. Его́ расска́зы по́зже бы́ли со́браны вме́сте и и́зданы под назва́нием "Донски́е расска́зы."

В 1928-м (ты́сяча девятьсо́т два́дцать восьмо́м) году́ Шо́лохов на́чал писа́ть свой знамени́тый рома́н "Ти́хий Дон," кото́рый стал изве́стен не то́лько в СССР, но и за грани́цей. Мно́го лет рабо́тал Шо́лохов над э́тим рома́ном.

"Ти́хий Дон" — истори́ческий рома́н. В нём а́втор рису́ет широ́кую панора́му жи́зни донски́х каза́ков, кото́рая начина́ется незадо́лго до пе́рвой мирово́й войны́, захва́тывает войну́, ру́сскую револю́цию и гражда́нскую войну́.

Шо́лохов осо́бенно хоро́ш там, где он опи́сывает каза́ков, их жизнь и их роль в войне́ и револю́ции.

Друго́й рома́н Шо́лохова, ме́нее изве́стный за грани́цей, чем "Ти́хий Дон," э́то "По́днятая целина́." В э́том рома́не а́втор даёт карти́ну разви́тия колхо́зного движе́ния среди́ донски́х каза́ков.

КРА́ТКИЕ СВЕ́ДЕНИЯ ПО ГЕОГРА́ФИИ И ИСТО́РИИ СССР

Геогра́фия

I

СССР, и́ли Сою́з Сове́тских Социалисти́ческих Респу́блик, состои́т из пятна́дцати респу́блик.

СССР са́мая больша́я страна́ в ми́ре.

Приро́да э́той страны́, её кли́мат, расте́ния и живо́тные, о́чень бога́ты и разнообра́зны. На далёком се́вере кли́мат о́чень суро́вый. Зима́ там продолжа́ется семь или во́семь ме́сяцев, и на огро́мном протяже́нии земля́ никогда́ не отта́ивает. А на ю́ге зре́ют апельси́ны и лимо́ны; расту́т чай, хло́пок, масли́ны. Со́лнце там горячо́ гре́ет; так горячо́, что на берегу́ Чёрного мо́ря есть места́, где всё зре́ет о́чень бы́стро, и где убо́рка плодо́в быва́ет три ра́за в год.

Таки́е больши́е контра́сты встреча́ются не то́лько ме́жду далёким се́вером и кра́йним ю́гом страны́. Их мо́жно найти́ в не́которых отде́льных частя́х СССР, как наприме́р в Сиби́ри с её огро́мными расстоя́ниями. Да и не́зачем брать всю Сиби́рь: одно́й ча́сти её доста́точно для э́того. В це́нтре Сиби́ри, наприме́р, до́лгая, суро́вая зима́ продолжа́ется семь или во́семь ме́сяцев и сменя́ется о́чень жа́рким ле́том.

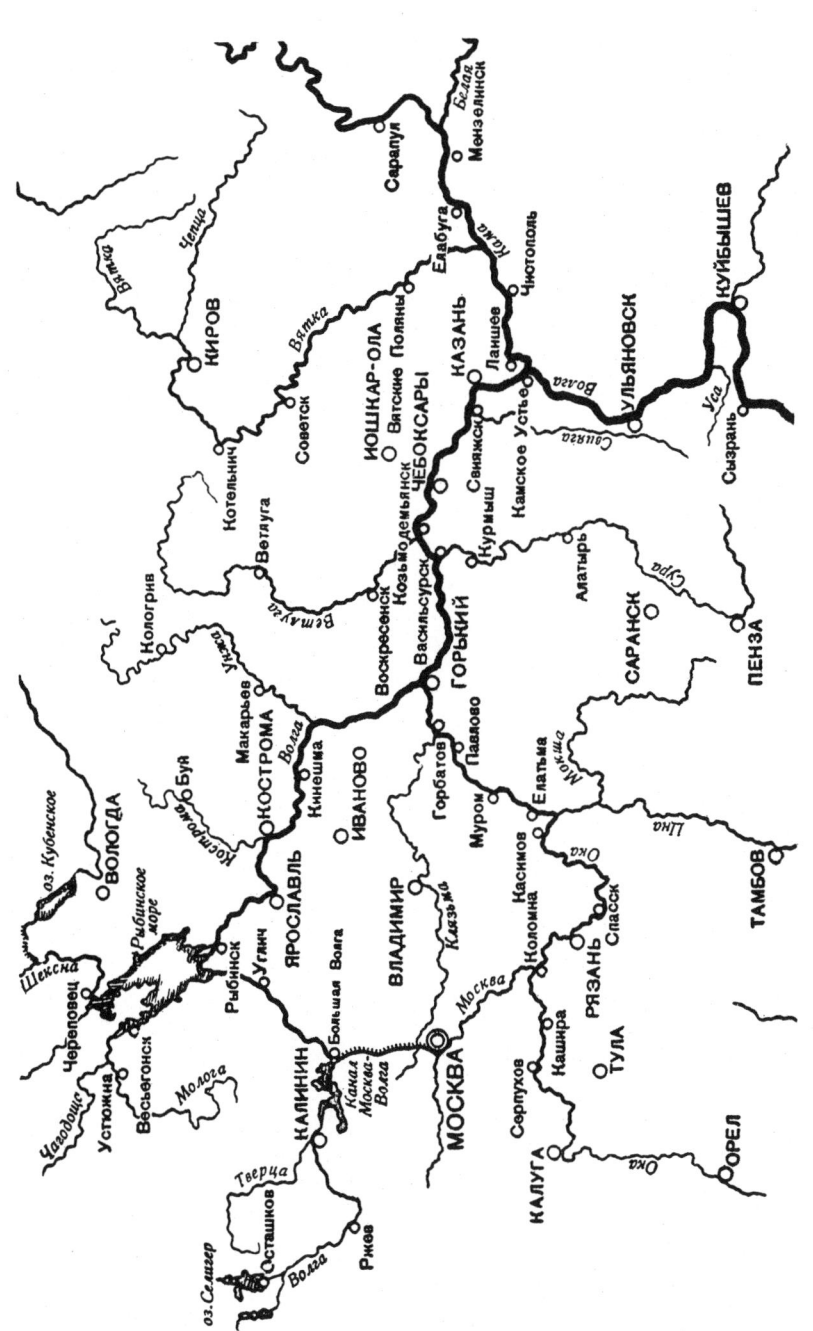

II

Два океа́на и не́сколько море́й омыва́ют берега́ СССР: на восто́ке — Вели́кий океа́н, Охо́тское мо́ре и Япо́нское мо́ре; на се́вере — Се́верный Ледови́тый океа́н; на за́паде — Балти́йское мо́ре; на ю́ге — Чёрное мо́ре и Азо́вское мо́ре и на ю́го-за́паде — Каспи́йское мо́ре.

Внутри́ СССР мно́го рек и озёр. Не́которые из рек принадлежа́т к числу́ са́мых больши́х рек ми́ра. Из гла́вных назовём сле́дующие: Во́лга, Дон и Днепр — в Сове́тской Евро́пе, и Обь, Енисе́й, Ле́на и Аму́р — в Сове́тской А́зии. Во́лга впада́ет в Каспи́йское мо́ре, Дон — в Азо́вское, а Днепр — в Чёрное. Обь, Енисе́й и Ле́на теку́т на се́вер, в Ледови́тый океа́н, Аму́р течёт на юг, в Ти́хий океа́н.

Во́лга — са́мая больша́я река́ в Евро́пе. Ру́сские осо́бенно лю́бят Во́лгу. Про неё сложи́ли мно́го пе́сен и леге́нд. В пе́снях её называ́ют "Ма́тушка-Во́лга."

Наряду́ с ре́ками име́ются кана́лы, са́мые замеча́тельные из кото́рых э́то кана́л Во́лга-Москва́ и Беломо́рский-Балти́йский. Пе́рвый, как э́то ви́дно из его́ назва́ния, соединя́ет Во́лгу с Москва́-реко́й; второ́й — Бе́лое мо́ре с Балти́йским.

Байка́льское о́зеро, в восто́чной Сиби́ри, — са́мое большо́е о́зеро СССР.

СССР о́чень бога́т леса́ми. На се́вере, на протяже́нии четырёх ты́сяч миль, тя́нутся густы́е леса́. Други́е леса́, хво́йные и ли́ственные, разбро́саны по всей стране́.

СССР — одна́ из са́мых бога́тых, а мо́жет быть и са́мая бога́тая страна́ в ми́ре по свои́м приро́дным бога́тствам.

СССР — главным образом равнина. Но есть там и большие горы. Из них назовём: Уральские горы, которые отделяют Европу от Азии, и на юге, от юго-запада к юго-востоку, тянутся Крымские горы, Кавказские, Памирские и Алтайские.

III

Разнообразны климат и природа СССР, но не менее разнообразны народы, живущие в стране.

В СССР 189 (сто восемьдесят девять) разных народов, говорящих на разных языках и исповедующих разные религии.

Многие из народов СССР не похожи один на другой. Люди севера, живущие среди снегов и льдов, как например эскимосы или самоеды, — угрюмы, как их природа. Украинцы, выросшие среди красивых цветов и под горячим солнцем юга, или грузины, армяне, живущие на Кавказе, где природа богата и красива, — весёлые, живые.

У всех народов СССР своя культура, свой язык. Но все они граждане одной страны. "Каждый гражданин Союзной республики является гражданином СССР"— говорится в конституции Союза Советских Социалистических Республик.

В школах каждой советской республики обучение ведётся на языке республики, но все изучают также русский язык.

Некоторые из народов СССР ещё сохранили свои национальные костюмы. Некоторые же другие национальные костюмы постепенно исчезают, и жители начинают одеваться, как одеваются в Москве, Ленинграде и других городах Советского Союза.

Татарское нашествие

Россия когда-то делилась на много частей. Каждой из этих частей управлял[1] князь, и каждая часть называлась княжеством.

Русские князья не жили дружно и этим сильно подрывали силы страны. Соседи России пользовались этим и часто нападали на неё. Самыми сильными врагами России были татары, которые всё время нападали на Россию то с юга, то с востока. Наконец, в тринадцатом веке татары напали на Россию и покорили её. Русские князья не могли защитить страну. Русский народ храбро боролся с врагами, но безуспешно. Самый тяжёлый удар получила Россия, когда татары взяли город Киев — центр старой русской культуры. Они разрушили Киев, и основали на Волге своё государство. Татарский хан Батый назвал это государство "Золотая орда." Столицей Золотой орды он сделал богатый и красивый город Сарай.

Русские князья остались в своих княжествах, но потеряли свою власть.

Трудно было русским людям жить под властью татар. Они должны были платить татарам дань. Людей, у которых не было денег, брали в плен и продавали в рабство.

Татары оставались в России больше двухсот лет. Этот период известен в истории под названием "монгольское иго." В конце пятнадцатого века Московское княжество объединилось с соседними княжествами, и общими силами русские выгнали татар из России и положили конец татарскому игу.

[1] Управлять calls for the instrumental case.

Алекса́ндр Не́вский (1220—1263)

По́льзуясь тем, что ру́сские бы́ли за́няты борьбо́й с тата́рами, други́е си́льные враги́ напа́ли на страну́ со стороны́ Балти́йского мо́ря и реки́ Невы́. Эти враги́ бы́ли шве́ды. Они́ наступа́ли на Новгоро́дское кня́жество и грози́ли завоева́ть его́.

В Но́вгороде был тогда́ князь по и́мени Алекса́ндр. Алекса́ндр собра́л свои́ войска́ и разби́л шве́дов на реке́ Неве́. Его́ поэ́тому назва́ли "Не́вский".

Не успе́ли ру́сские опра́виться от войны́ со шве́дами, как други́е си́льные враги́ появи́лись на берега́х Балти́йского мо́ря и грози́ли покори́ть Росси́ю. То́ бы́ли неме́цкие ры́цари, кото́рые в э́то вре́мя про́бовали завоева́ть Росси́ю. Положе́ние бы́ло о́чень крити́ческое. Хорошо́ вооружённые не́мцы, с головы́ до ног защищённые ста́лью, шли на го́род Но́вгород, уничтожа́я всё по пути́ и забира́я ру́сских в плен. Ру́сским грози́ла ги́бель. Алекса́ндр Не́вский, вели́кий патрио́т и полково́дец, опя́ть спас свою́ страну́. Он загна́л не́мцев на Чу́дское о́зеро и там, на льду́, разби́л войска́ врага́ и обрати́л их в бе́гство. Это бы́ло в ма́рте. Лёд на о́зере, под тя́жестью не́мцев, проломи́лся. Мно́го не́мцев потону́ло; мно́го бы́ло уби́то и ра́нено.

Ру́сские с глубо́кой благода́рностью вспомина́ют своего́ спаси́теля Алекса́ндра Не́вского.

Пётр Вели́кий (1672—1725)

Пётр Пе́рвый, и́ли Вели́кий, был челове́к гениа́льного ума́, огро́мной физи́ческой си́лы и желе́зной во́ли. Он та́кже облада́л большо́й любозна́тельностью. Его́ осо́бенно интересова́ла постро́йка корабле́й.

Алекса́ндр Не́вский (Совфо́то)

Пётр Великий вступил на престол в конце семнадцатого века. Россия в то время была очень отсталой страной. Пётр Великий много ездил по западной Европе, где он многому учился у англичан и голландцев. В Голландии он, с топором в руках, в одежде рабочего, работал, как плотник. Он хотел не только знать теорию постройки кораблей, но и уметь всё делать сам.

Вторым большим интересом Петра Великого была армия. Ещё мальчиком он создал армию из детей, и был их генералом. Его армия росла вместе с ним, и позже стала полком прекрасных солдат и офицеров.

Россия была в то время отрезана от западной Европы. У неё не было ни одного порта. Пётр Великий хотел начать торговлю с другими странами, как Англия, Франция, Дания. Для этого нужны были порты. В войне с Турцией Пётр взял турецкий порт Азов; потом, в войне со шведами, — два порта на Балтийском море: Ригу и Ревель. Там он построил сильный флот. Вскоре после этого, в 1703-м (тысяча семьсот третьем) году, он построил на реке Неве город Петербург, который теперь называется Ленинград, по имени Ленина. Пётр Великий сделал Петербург столицей России. До него столицей была Москва.

Своими победами над турками и шведами Пётр Великий сблизил Россию с западной Европой. Он видел, как сильно Россия отстала от других европейских стран, и стал вводить в свою страну западную цивилизацию.

Благодаря сношениям русских с западной Европой, русская индустрия стала развиваться: начали строить фабрики и заводы.

Но Петра Великого интересовали не только индустрия и торговля с иностранцами. Он также очень много сделал для распространения образования в стране. В России были открыты высшие школы Учителями в этих школах были англичане, французы, немцы и другие иностранцы. Правительство стало посылать способных молодых людей учиться за границу. Русские стали изучать и переводить иностранную литературу и научные труды. При Петре Великом стала издаваться первая русская газета, а в год его смерти была основана академия наук, по его плану.

Пётр Великий ввёл много реформ. Вся жизнь страны, как социальная, так и политическая и экономическая, изменилась с Петром Великим.

Наполеон в Москве

Наполеон со своим штабом остановился на Поклонной горе и смотрел на Москву. Огромный город сверкал под лучами осеннего солнца.

"Наконец! Вот он, знаменитый город!" — воскликнул Наполеон. Он ждал, когда градоначальник Москвы принесёт ему ключи от города. Так делали градоначальники других городов, которые он покорил.

Но прошёл час, другой, третий, а ключей от Москвы ему не несли. Москва была пуста.

Наконец, он подал знак рукой, и все французские войска двинулись вперёд по улицам Москвы. Наполеон вошёл в Кремль и там остался.

Страшно было его пробуждение на второй день.

Статуя Петра Великого в Ленинграде (Совфото)

В окно́ кремлёвского дворца́ он уви́дел, что Москва́ гори́т. Он подбежа́л к о́кнам, кото́рые выходи́ли на Кра́сную пло́щадь. На пло́щади горе́ли зда́ния. Он подбежа́л к о́кнам, кото́рые выходи́ли на Москва́-реку́, и уви́дел, что по ту́ сто́рону реки́ горе́ли дома́. Наполео́н оде́лся, вы́шел на кремлёвский двор и приказа́л потуши́ть пожа́р. Но всё бы́ло напра́сно: Москва́ горе́ла со всех сторо́н. Она́ горе́ла не́сколько дней.

Ру́сский наро́д поднима́лся на защи́ту ро́дины: партиза́ны напада́ли на францу́зов, кото́рые шли в Москву́ помо́чь а́рмии Наполео́на. Крестья́не не привози́ли в Москву́ проду́ктов. Наступи́л го́лод.

Пришла́ зима́. Армия Наполео́на была́ отре́зана от Фра́нции, и всё бо́льше и бо́льше слабе́ла. Тогда́ Наполео́н реши́л отступи́ть от Москвы́. Зима́ была́ суро́вая; мно́го францу́зов поги́бло от хо́лода. То́лько жа́лкие оста́тки когда́-то си́льной а́рмии верну́лись во Фра́нцию.

М. Бра́гин.

Ле́нин

Влади́мир Ильи́ч Ле́нин (Улья́нов) роди́лся в 1870-м (ты́сяча восемьсо́т семидеся́том) году́ в Симби́рске. Этот го́род называ́ется тепе́рь Улья́новск. Оте́ц Ле́нина был дире́ктором школ в Симби́рске.

Когда́ Ле́нину бы́ло семна́дцать лет, он, око́нчив гимна́зию с золото́й меда́лью, поступи́л в Каза́нский университе́т. Но университе́та он не око́нчил: его́ исключи́ли за то, что он принима́л уча́стие в агита́циях студе́нтов про́тив ру́сского прави́тельства. Тогда́ Ле́нин уе́хал в Сама́ру, где продолжа́л учи́ться.

В то же время он изучал марксизм, и принимал активное участие в революционном движении страны. За это его арестовали и сослали на три года в Сибирь. Вернувшись из Сибири, Ленин уехал за границу. Там он начал издавать марксистскую газету, которая называлась "Искра". Эта газета печаталась на очень тонкой бумаге и тайно посылалась в Россию.

В 1903-м (тысяча девятьсот третьем) году за границей был съезд русских марксистов, на который приехало много делегатов из России. На съезде Ленин выступил с программой, против которой выступило несколько других делегатов. Они предлагали другую программу. Тогда все вотировали, и сторонники Ленина получили большинство голосов. Поэтому их назвали "большевики".

Много лет работал Ленин, то за границей, то в России, как вождь русских марксистов.

В 1917-м (тысяча девятьсот семнадцатом) году, после революции, Россия стала Союзом Советских Социалистических Республик, а Ленин стал вождём Союза.

Ленин умер в 1924-м (тысяча девятьсот двадцать четвёртом) году. Тело его находится в стеклянном гробу, в гранитном мавзолее, на Красной площади в Москве.

Мавзоле́й Ле́нина (Совфо́то)

МЕДВЕ́ДЬ: ШУ́ТКА В ОДНО́М ДЕ́ЙСТВИИ — ЧЕ́ХОВ

ДЕ́ЙСТВУЮЩИЕ ЛИ́ЦА

Еле́на Ива́новна Попо́ва, *вдова́ с я́мочками на щека́х, поме́щица*
Григо́рий Степа́нович Смирно́в, *неста́рый поме́щик*
Лука́, *лаке́й* **Попо́вой,** *стари́к*

Гости́ная в уса́дьбе **Попо́вой**

Попо́ва (*в глубо́ком тра́уре, не отрыва́ет глаз от фотографи́ческой ка́рточки*) *и* **Лука́**

Лука́. Нехорошо́, ба́рыня.... Гу́бите вы себя́ то́лько.... Це́лый день сиди́те в ко́мнате, как в монастыре́. Уже́ год прошёл, как вы из до́му не выхо́дите!
Попо́ва. И не вы́йду никогда́.... Заче́м? Жизнь моя́ уже́ ко́нчена. Он лежи́т в моги́ле, я погребла́ себя́ в четырёх стена́х.... Мы о́ба умерли́.
Лука́. Ну вот! Не всю же жизнь вы бу́дете пла́кать и тра́ур носи́ть. У меня́ то́же в своё вре́мя жена́ умерла́.... Что же? Попла́кал с ме́сяц, и дово́льно, а е́сли всю жизнь пла́кать, то и стару́ха того́ не сто́ит. (*Вздыха́ет.*) Сосе́дей всех забы́ли.... И са́ми не е́здите, и принима́ть не хоти́те. Живём, как пауќи, никого́ не ви́дим.... Эх, ба́рыня! Молода́я, краси́вая, жи́ли бы в своё удово́льствие.... Красота́ не наве́ки дана́! Пройдёт лет де́сять, са́ми захоти́те пожи́ть, но по́здно бу́дет.
Попо́ва (*реши́тельно*). Я прошу́ никогда́ не говори́ть мне об э́том! Ты зна́ешь, с тех пор, как у́мер

Никола́й Миха́йлович, жизнь потеря́ла для меня́ вся́кую це́ну. Тебе́ ка́жется, что я жива́, но э́то то́лько ка́жется. Я дала́ сло́во до са́мой моги́лы не снима́ть тра́ура и не ви́деть никого́. Слы́шишь? Пусть тень его́ ви́дит, как я его́ люблю́. . . . Да, я зна́ю, для тебя́ не секре́т, что он ча́сто быва́л несправедли́в ко мне. жесто́к и . . . и да́же неве́рен, но я бу́ду верна́ до моги́лы и докажу́ ему́, как я уме́ю люби́ть.

Лука́. Чем так говори́ть, пошли́ бы лу́чше по са́ду погуля́ли, и́ли веле́ли бы запря́чь То́би и к сосе́дям в го́сти. . . .

Попо́ва. Ах! . . . (*пла́чет*)

Лука́. Ба́рыня! . . . Ма́тушка! . . . Что вы? Христо́с с ва́ми! . . .

Попо́ва. Он так люби́л То́би! Он всегда́ е́здил на нём к Корча́гиным и Вла́совым. Как он чу́дно пра́вил! Ско́лько гра́ции бы́ло в его́ фигу́ре, когда́ он изо всей си́лы натя́гивал во́жжи! По́мнишь? То́би, То́би! Вели́ дать ему́ сего́дня бо́льше овса́.

Лука́. Слу́шаю!

(*Ре́зкий звоно́к*)

Попо́ва (*вздра́гивает*). Кто э́то? Скажи́, что я никого́ не принима́ю!

Лука́. Слу́шаю! (*ухо́дит*)

II

Попо́ва (*одна́*)

Попо́ва (*гля́дя на фотогра́фию*). Ты уви́дишь, Nicolas, как я уме́ю люби́ть и проща́ть. . . . Любо́вь моя́ умрёт вме́сте со мно́ю, когда́ переста́нет би́ться моё бе́дное се́рдце. (*Смеётся сквозь слёзы*) И тебе́ не стыдно? Я хорошая, верная жена, заперла себя на замок и буду верна тебе до могилы, а ты. . . . И тебе не стыдно? Был мне неверен, по целым неделям оставлял меня одну. . . .

Попова *и* **Лука**

Лука (*входит*). Барыня, там кто-то спрашивает вас. Хочет видеть . . .
Попова. Ты сказал, что я со дня смерти мужа никого не принимаю?
Лука. Сказал, но он и слушать не хочет, говорит, что очень важное дело.
Попова. Я не при—ни—ма—ю!
Лука. Я ему говорил, но он ругается и прямо в комнату идёт . . . уже в столовой стоит . . .
Попова (*раздражённо*). Хорошо, проси. Какие невежи!

(**Лука** *уходит.*)

Попова. Что им от меня нужно? Зачем они меня беспокоят? (*Вздыхает*) Пойду в монастырь . . . (*задумывается*) Да, в монастырь. . . .

Попова, Лука *и* **Смирнов**

Смирнов (*входя,* **Луке**). Дурак, любишь много разговаривать. . . . Осёл. . . . (*увидев* **Попову,** *с достоинством*) Мадам, честь имею представиться: отставной поручик артиллерии, Григорий Степанович Смирнов! Вынужден беспокоить вас по очень важному делу. . . .
Попова (*не подавая руки*). Что вам угодно?
Смирнов. Ваш покойный муж был мне должен тысячу двести рублей. Так как я завтра должен упла-

тить проце́нты в банк, то я прошу́ уплати́ть мне де́ньги сего́дня.

Попо́ва. Ты́сяча две́сти. . . . А за что мой муж был вам до́лжен?

Смирно́в. Он покупа́л у меня́ овёс.

Попо́ва (*вздыха́я*, **Луке́**). Не забу́дь же, Лука́, сказа́ть, чтобы да́ли То́би бо́льше овса́. (**Лука́** *ухо́дит*. **Смирно́ву**.) Если Никола́й Миха́йлович был вам до́лжен, то я, коне́чно, заплачу́; но извини́те, пожа́луйста, у меня́ сего́дня нет де́нег. Послеза́втра вернётся из го́рода мой управля́ющий, и я ему́ скажу́, чтоб он вам уплати́л, а пока́ я не могу́ э́того сде́лать. . . . К тому́ же, сего́дня ро́вно семь ме́сяцев, как у́мер мой муж, и у меня́ тепе́рь тако́е настрое́ние, что я не могу́ занима́ться дела́ми.

Смирно́в. А у меня́ тепе́рь тако́е настрое́ние, что е́сли я за́втра не заплачу́ проце́нтов, то у меня́ опи́шут име́ние!

Попо́ва. Послеза́втра вы полу́чите свои́ де́ньги.

Смирно́в. Мне нужны́ де́ньги не послеза́втра, а сего́дня.

Попо́ва. Прости́те, сего́дня я не могу́ заплати́ть вам.

Смирно́в. А я не могу́ ждать до послеза́втра.

Попо́ва. Что же де́лать, е́сли у меня́ сейча́с нет?

Смирно́в. Вы не мо́жете заплати́ть?

Попо́ва. Не могу́ . . .

Смирно́в. Гм! . . . Это ва́ше после́днее сло́во?

Попо́ва. Да, после́днее.

Смирно́в. После́днее? Положи́тельно?

Попо́ва. Положи́тельно.

Смирно́в. Спаси́бо. (*Пожима́ет плеча́ми.*) А ещё

хотя́т, что́бы я не серди́лся! Как я могу́ не серди́ться? Мне так нужны́ де́ньги. ... Вы́ехал я ещё вчера́ у́тром, был у всех должнико́в, но ни оди́н из них не уплати́л свой долг! Изму́чился как соба́ка. ... Наконе́ц, прие́хал сюда́ за се́мьдесят вёрст от до́му, наде́юсь получи́ть, а меня́ угоща́ют "настрое́нием"! Как же не серди́ться?

Попо́ва. Я вам я́сно сказа́ла: управля́ющий вернётся из го́рода, тогда́ и полу́чите.

Смирно́в. Я прие́хал не к управля́ющему, а к вам!

Попо́ва. Прости́те, я не привы́кла к тако́му то́ну. Я вас бо́льше не слу́шаю. (*Бы́стро ухо́дит*)

Смирно́в (*оди́н*)

Смирно́в. Настрое́ние! ... Семь ме́сяцев тому́ наза́д муж у́мер! Да мне́-то ну́жно плати́ть проце́нты или нет? Ну, у вас муж у́мер, настрое́ние ... управля́ющий куда́-то уе́хал, а мне́ что де́лать? Улете́ть от свои́х кредито́ров на возду́шном ша́ре, что́-ли? Приезжа́ю к Грузде́ву — до́ма нет. Яроше́вич спря́тался, у Мазу́това — инфлуэ́нца, у э́той настрое́ние. Никто́ не пла́тит! А всё оттого́, что я сли́шком делика́тен с ни́ми! Погоди́те! Узна́ете вы меня́! Я не позво́лю шути́ть с собо́ю! Оста́нусь здесь пока́ она́ не запла́тит! Брр! ... Как я зол сего́дня, как я зол! ... Бо́же мой, мне да́же ду́рно де́лается! (*кричи́т*) Челове́к!

Смирно́в и Лука́

Лука́ (*вхо́дит*). Чего́ вам?

Смирно́в. Дай мне воды́!

(*Лука́ ухо́дит.*)

Смирно́в. Нет, кака́я ло́гика! Челове́ку де́ньги нужны, а она не платит, потому что, видите ли, у неё такое настроение! . . . Настоящая женская логика! Потому-то я никогда не любил и не люблю говорить с женщинами. Для меня легче сидеть на бочке с порохом, чем говорить с женщиной. Брр! . . . Как я зол!

Смирнов *и* **Лука**

Лука (*входит и подаёт воду*). Барыня больна и не принимает.

Смирнов. Пошёл!
(*Лука уходит.*)

Смирнов. Больна и не принимает! Не принимай. . . . Я останусь и буду сидеть здесь, пока не отдашь денег. Неделю будешь больна, и я неделю просижу здесь. . . . Год будешь больна, я год просижу. . . . Меня не тронешь трауром, да ямочками на щеках. . . . Знаем мы эти ямочки! (*кричит в окно*) Семён, распрягай! Мы не скоро уедем! Я здесь остаюсь! (*отходит от окна*) Плохо . . . жара невыносимая, денег никто не платит, плохо спал ночью. . . . Голова болит. . . . Водки выпить, что ли? (*кричит*) Человек!

Лука (*входит*). Что вам?

Смирнов. Дай рюмку водки!
(*Лука уходит.*)

Смирнов. Уф! (*садится и оглядывает себя*). Я весь в пыли, сапоги грязные, не умыт, не причёсан. . . . Она меня, вероятно, за разбойника приняла. (*Зевает*) Ничего, я здесь не гость, а кредитор . . .

Лука (*входит и подаёт водку*). Много вы позволяете себе . . .

Смирнов (*сердито*). Что?

Лука. Я . . . я . . . ничего . . .

Смирно́в. С кем ты разгова́риваешь? Молча́ть!

(*Лука́ ухо́дит.*)

Смирно́в. Ах, как я зол!... Да́же ду́рно де́лается! (*кричи́т*) Челове́к!

Попо́ва *и* **Смирно́в**

Попо́ва (*вхо́дит опусти́в глаза́.*) Очень прошу́ вас не крича́ть. В своём уедине́нии я давно́ уже́ отвы́кла от челове́ческого го́лоса и не выношу́ кри́ка.

Смирно́в. Заплати́те мне де́ньги, и я уе́ду.

Попо́ва. Я вам я́сно сказа́ла: у меня́ тепе́рь де́нег нет, подожди́те до послеза́втра.

Смирно́в. Я то́же име́л честь сказа́ть вам о́чень я́сно: мне нужны́ де́ньги не послеза́втра, а сего́дня.

Попо́ва. Но что же мне де́лать, е́сли у меня́ нет де́нег?

Смирно́в. Так вы сейча́с не заплати́те? Нет?

Попо́ва. Не могу́...

Смирно́в. В тако́м слу́чае я остаю́сь здесь и бу́ду сиде́ть, пока́ не получу́... (*сади́тся*). Послеза́втра заплати́те? Хорошо́! Я до послеза́втра просижу́ здесь... (*вска́кивает*). Я вас спра́шиваю: мне ну́жно плати́ть за́втра проце́нты, и́ли нет?... Или вы ду́маете, что я шучу́?

Попо́ва. Прошу́ вас не крича́ть.

Смирно́в. Я вас не о том спра́шиваю; ну́жно мне за́втра плати́ть проце́нты, и́ли нет?

Попо́ва. Вы не уме́ете держа́ть себя́ в же́нском о́бществе!

Смирно́в. Нет, я уме́ю держа́ть себя́ в же́нском о́бществе!

Попо́ва. Нет, не уме́ете! Вы невоспи́танный, гру́бый челове́к! Воспи́танные лю́ди не говоря́т так с же́нщинами!

Смирно́в. Ах! А как мне говори́ть с ва́ми? По-францу́зски, что ли? Мада́м, же ву при́, как я сча́стлив, что вы не пла́тите мне де́нег. . . . Ах, пардо́н, что беспоко́ю вас! Кака́я сего́дня хоро́шая пого́да!

Попо́ва. Не у́мно и гру́бо.

Смирно́в. Не у́мно и гру́бо! Я не уме́ю держа́ть себя́ в же́нском о́бществе! Мада́м, в свое́й жи́зни я ви́дел же́нщин гора́здо бо́льше, чем вы воробьёв! Три ра́за я стреля́лся на дуэ́ли из-за же́нщин. Двена́дцать же́нщин я бро́сил, де́вять бро́сили меня́. Да, бы́ло вре́мя, когда́ я люби́л, страда́л, вздыха́л на луну́ . . . люби́л стра́стно, бе́шенно! Но тепе́рь дово́льно! Чёрные глаза́, я́мочки на щека́х, луна́ — за всё э́то я тепе́рь копе́йки не дам! Ра́зве же́нщина уме́ет люби́ть кого́-нибудь? Скажи́те, пожа́луйста, ви́дели ли вы когда́-нибудь же́нщину, кото́рая была́ бы верна́ и постоя́нна?

Попо́ва. Так кто́ же, по ва́шему, ве́рен и постоя́нен в любви́? Мужчи́на?

Смирно́в. Да-с, мужчи́на.

Попо́ва. Мужчи́на! (*злой смех*) Мужчи́на ве́рен и постоя́нен в любви́! Да како́е вы име́ете пра́во говори́ть э́то? Мужчи́ны ве́рны и постоя́нны! Е́сли вы так говори́те, так я вам скажу́, что из всех мужчи́н, каки́х я зна́ла и зна́ю, са́мым лу́чшим был мой муж. . . . Я люби́ла его́ стра́стно, как мо́жет люби́ть то́лько молода́я, ве́рная жена́; я отдала́ ему́ свою́ мо́лодость, сча́стье, жизнь, и . . . и что же? Э́тот лу́чший из мужчи́н обма́нывал меня́ на ка́ждом шагу́! По́сле его́ смерти я нашла в его столе полный ящик любовных писем, а при жизни он оставлял меня по целым неделям, на моих глазах ухаживал за другими женщинами.... И, несмотря на всё это, я любила его и была ему верна.... Он умер, а я всё ещё верна ему. Я погребла себя в четырёх стенах и до самой могилы не сниму этого траура ...

Смирнов (*со смехом*). Траур!... Я знаю для чего вы носите это чёрное платье и погребли себя в четырёх стенах! Это так поэтично! Проедет мимо усадьбы какой-нибудь офицер или поэт, посмотрит на окно и подумает: "Здесь живёт Тамара,[1] которая из любви к мужу погребла себя в четырёх стенах".

Попова (*сердито*). Что? Как вы смеете говорить всё это?

Смирнов. Вы погребли себя, однако не забыли напудриться!

Попова. Как вы смеете со мною так говорить?

Смирнов. Не кричите, пожалуйста!

Попова. Не я кричу, а вы кричите! Оставьте меня, пожалуйста, в покое!

Смирнов. Заплатите мне деньги, и я уеду.

Попова. Не дам я вам денег!

Смирнов. Нет-с, дадите!

Попова. Ни копейки не получите! Можете оставить меня в покое!

Смирнов. Я вам не муж и не жених, а потому, пожалуйста, не делайте мне сцен (*садится*). Я этого не люблю.

Попова (*задыхаясь от гнева*). Вы сели?

Смирнов. Сел.

[1] A character from Lermontov's poem, "The Demon."

Попо́ва. Прошу́ вас уйти́!
Смирно́в. Отда́йте де́ньги... (*в сто́рону*). Ах, как я зол!
Попо́ва. Вы не уйдёте? Нет?
Смирно́в. Нет.
Попо́ва. Нет?
Смирно́в. Нет!
Попо́ва. Хорошо́ же! (*звони́т*)

Те же и **Лука́**

Попо́ва. Лука́, вы́веди э́того господи́на!
Лука́ (*подхо́дит к* **Смирно́ву**). Уходи́те когда́ веля́т!...
Смирно́в (*вска́кивая*). Молча́ть! С кем ты разгова́риваешь? Я из тебя́ сала́т сде́лаю!
Лука́ (*па́дает в кре́сло*). Ох, ду́рно, ду́рно!
Попо́ва. Где Да́ша? Да́ша! (*кричи́т*) Да́ша! Пелаге́я! Да́ша! (*звони́т*)
Лука́. Ох! Все по я́годы ушли́.... Никого́ до́ма нет... Ду́рно! Воды́!
Попо́ва. Убира́йтесь вон!
Смирно́в. Прошу́ быть пове́жливее!
Попо́ва (*то́пая нога́ми*). Вы мужи́к! Гру́бый медве́дь! Монстр!
Смирно́в. Как? Что вы сказа́ли?
Попо́ва. Я сказа́ла, что вы медве́дь, монстр!
Смирно́в (*наступа́я*). Како́е пра́во вы име́ете оскорбля́ть меня́?
Попо́ва. Да, оскорбля́ю... ну так что́ же? Вы ду́маете, я вас бою́сь?
Смирно́в. А вы ду́маете, что е́сли вы же́нщина, то име́ете пра́во оскорбля́ть безнака́занно? Да? К барье́ру!

Лука́. Го́споди!... Ду́рно!... Воды́!

Смирно́в. Стреля́ться!

Попо́ва. Е́сли вы гро́мко кричи́те, то ду́маете, я вас бою́сь? А? Медве́дь!

Смирно́в. К барье́ру! Я никому́ не позво́лю оскорбля́ть себя́ и не посмотрю́ на то, что вы же́нщина!

Попо́ва (*кричи́т*). Медве́дь! Медве́дь! Медве́дь!

Смирно́в. Пора́ забы́ть предрассу́док, что то́лько одни́ мужчи́ны должны́ плати́ть за оскорбле́ния! Равнопра́вие, так равнопра́вие! К барье́ру!

Попо́ва. Стреля́ться хоти́те? Хорошо́!

Смирно́в. Сию́ мину́ту!

Попо́ва. Сию́ мину́ту! По́сле му́жа оста́лись револьве́ры.... Я сейча́с принесу́ их сюда́... (*торопли́во идёт и возвраща́ется*). С каки́м удово́льствием я всажу́ пу́лю в ваш ме́дный лоб! (*ухо́дит*)

Смирно́в. Я подстрелю́ её как цыплёнка!

Лука́ (*стано́вится на коле́ни*). Сде́лай ми́лость, пожале́й меня́, старика́, уйди́ отсю́да!

Смирно́в (*не слу́шая его́*). Стреля́ться, вот э́то есть равнопра́вие, эмансипа́ция! Подстрелю́ её из при́нципа!... Но кака́я же́нщина! "Всажу́ пу́лю в ваш ме́дный лоб".... Раскрасне́лась, глаза́ блестя́т.... Вы́зов приняла́! Пе́рвый раз в жи́зни ви́жу таку́ю!

Лука́. Уйди́, пожа́луйста!...

Смирно́в. Э́то — же́нщина! Вот э́то я понима́ю! Настоя́щая же́нщина! Ого́нь, по́рох! Да́же убива́ть жа́лко!

Лука́ (*пла́чет*). Пожа́луйста, уйди́!

Смирно́в. Она́ мне положи́тельно нра́вится! Положи́тельно! Хоть и я́мочки на щека́х, а нра́вится! Готов даже долг ей простить.... И злость прошла... Удивительная женщина!

Те же и **Попова**

Попова (*входит с револьверами*). Вот они револьверы.... Но вы мне прежде покажите, пожалуйста, как нужно стрелять.... Я никогда в жизни не держала в руках револьвера.

Лука. Спаси, Господи, и помилуй.... Пойду садовника и кучера поищу.... (*уходит*)

Смирнов (*осматривает револьверы*). У вас револьверы системы Смит и Вессон. Держать револьвер нужно так... (*в сторону*) Глаза, глаза!

Попова. Так?

Смирнов. Да, так.... Затем вы поднимаете курок.... Голову немножко назад! Вытяните руку.... Вот так.... Потом вот этим пальцем надавливаете здесь — и больше ничего...

Попова. Хорошо.... В комнатах стреляться неудобно, пойдёмте в сад.

Смирнов. Пойдёмте. Только знайте, я выстрелю в воздух.

Попова. Почему?

Смирнов. Потому что... потому что.... Это моё дело, почему!

Попова. Вы испугались? Да? А—а—а—а! Нет, вы идите за мной, пожалуйста! Испугались?

Смирнов. Да, испугался.

Попова. Неправда! Почему вы не хотите стрелять?

Смирнов. Потому что... потому что вы... мне нравитесь.

Попова (*злой смех*). Я ему нравлюсь! Он смеет

говори́ть, что я ему́ нра́влюсь! (*ука́зывает на дверь*) Иди́те.

Смирно́в (*кладёт револьве́р, берёт шля́пу и идёт; о́коло две́ри остана́вливается, мину́ту о́ба мо́лча смо́трят друг на дру́га; зате́м он говори́т, нереши́тельно подходя́ к* **Попо́вой**). Послу́шайте. . . . Вы всё ещё се́рдитесь? . . . Я то́же о́чень зол, но понима́ете-ли. . . . Ви́дите-ли . . . така́я исто́рия . . . (*кричи́т*). Ну, да ра́зве я винова́т, что вы мне нра́витесь? Вы мне нра́витесь! Понима́ете? Я . . . почти́ влюблён!

Попо́ва. Отойди́те от меня́, — я вас ненави́жу!

Смирно́в. Бо́же, кака́я же́нщина! Никогда́ в жи́зни не вида́л ничего́ подо́бного!

Попо́ва. Отойди́те, а то бу́ду стреля́ть!

Смирно́в. Стреля́йте! Вы не мо́жете поня́ть, како́е сча́стье умере́ть под взгля́дом э́тих глаз, умере́ть от револьве́ра, кото́рый де́ржит э́та ма́ленькая ру́чка. . . . Ду́майте и реша́йте сейча́с, потому́ что е́сли я вы́йду отсю́да, то мы бо́льше никогда́ не уви́димся! Реша́йте. . . . Я дворяни́н, име́ю де́сять ты́сяч годово́го дохо́да . . . име́ю отли́чных лошаде́й. . . . Хоти́те быть мое́й жено́й?

Попо́ва. Стреля́ться! К барье́ру!

Смирно́в (*кричи́т*). Челове́к, воды́!

Попо́ва (*кричи́т*). К барье́ру!

Смирно́в. Влюби́лся как мальчи́шка, как дура́к! (*хвата́ет её за́ руку*) Я вас люблю́ (*стано́вится на коле́ни*) Люблю́, как никогда́ не люби́л! Двена́дцать же́нщин я бро́сил, де́вять бро́сили меня́, но ни одну́ я не люби́л так, как вас. . . . Стою́ на коле́нях, как дурак! . . . Да или нет? Не хотите? Не нужно! (*встаёт и быстро идёт к двери*)

Попова. Постойте . . .

Смирнов (*останавливается*). Ну?

Попова. Ничего, уходите . . . Нет, постойте . . . Нет, уходите, уходите! Я вас ненавижу! Или нет . . . Не уходите! Ах, если бы вы знали, как я зла, как я зла! (*бросает на стол револьвер; рвёт от злости платок*) Что вы стоите? Уходите!

Смирнов. Прощайте.

Попова. Да, да, уходите! . . . (*кричит*) Куда вы идёте? Постойте! . . . Ах, как я зла! Не подходите, не подходите!

Смирнов (*подходя к ней*). Как я на себя зол! Влюбился, как гимназист, стоял на коленях . . . (*грубо*) Я люблю вас! Очень мне нужно было влюбляться в вас! Завтра проценты платить, а тут вы . . . (*берёт её за талию*). Никогда этого не прощу себе . . .

Попова. Отойдите прочь! Прочь руки! Я вас . . . ненавижу! К барьеру! (*продолжительный поцелуй*)

Те же, **Лука** *с топором, садовник с граблями, кучер и рабочие с палками*

Лука (*увидев целующуюся парочку*). Господи! (*пауза*)

Попова (*опустив глаза*). Лука, скажи чтоб сегодня Тоби овса не давали.

Занавес

ПОЭ́ЗИЯ И ПЕ́СНИ

Пти́чка бо́жия не зна́ет

(Отры́вок из "Цыга́ны")

Пти́чка бо́жия не зна́ет
Ни забо́ты, ни труда́;
Хлопотли́во не свива́ет
Долгове́чного гнезда́.
В до́лгу ночь на ве́тке дре́млет;
Со́лнце кра́сное взойдёт,
Пти́чка гла́су[1] Бо́га вне́млет,
Встрепенётся и поёт.
За весно́й, красо́й приро́ды,
Ле́то зно́йное пройдёт,
И тума́н, и непого́ды
Осень по́здняя несёт.
Лю́дям ску́чно, лю́дям го́ре;
Пти́чка в да́льние страны́,
В тёплый край, за си́не мо́ре
Улета́ет до весны́.

Пу́шкин[2]

Зи́мняя доро́га

Сквозь волни́стые тума́ны
Пробира́ется луна́,
На печа́льные поля́ны
Льёт печа́льно свет она́.
По доро́ге зи́мней, ску́чной

---
[1] Old word for го́лос.
[2] See page 49.

Тройка борзая бежит.
Колокольчик однозвучный
Утомительно гремит.
Что-то слышится родное
В долгих песнях ямщика:
То разгулье удалое,
То сердечная тоска...
Ни огня, ни чёрной хаты...
Глушь и снег... Навстречу мне
Только вёрсты полосаты
Попадаются одне.[1]

Пушкин

Парус

Белеет парус одинокий
В тумане моря голубом.
Что ищет он в стране далёкой?
Что кинул он в краю родном?
Играют волны, ветер свищет,
И мачта гнётся и скрипит....
Увы! Он счастия не ищет
И не от счастья он бежит!
Под ним струя светлей лазури,
Над ним луч солнца золотой,
А он, мятежный, просит бури,
Как будто в буре есть покой!

Лермонтов[2]

Ангел

По небу полуночи ангел летел
И тихую песню он пел.

---
[1] Old spelling of одни (see один).
[2] See page 50.

И месяц, и звёзды, и тучи толпой
Внимали той песне святой.
Он душу младую[1] в объятиях нёс
Для мира печали и слёз,
И звук его песни в душе молодой
Остался без слов, но живой.
И долго на свете томилась она,
Желанием чудным полна,
И звуков небес заменить не могли
Ей скучные песни земли.

Лермонтов

Горные вершины

Горные вершины
Спят во тьме ночной;
Тихие долины
Полны свежей мглой;
Не пылит дорога,
Не дрожат листы....
Подожди немного,
Отдохнёшь и ты.

Лермонтов (по Гёте)

Казачья колыбельная песня

Спи, младенец мой прекрасный,
   Баюшки — баю.
Тихо смотрит месяц ясный
   В колыбель твою.
Стану сказывать я сказки,
   Песенку спою;

---

[1] For молодую.

Ты-ж дремли, закрывши глазки,
    Баюшки — баю.

Сам узнаешь, будет время,
    Бранное житьё;
Смело вденешь ногу в стремя
    И возьмёшь ружьё.

Богатырь ты будешь с виду
    И казак душой.
Провожать тебя я выйду,
    Ты махнёшь рукой....
Сколько горьких слёз украдкой
    Я в ту ночь пролью!...
Спи, мой ангел, тихо, сладко,
    Баюшки — баю.

Стану я тоской томиться,
    Безутешно ждать;
Стану целый день молиться,
    По ночам гадать;
Стану думать, что скучаешь
    Ты в чужом краю....
Спи-ж, пока забот не знаешь,
    Баюшки — баю.

Дам тебе я на дорогу
    Образок святой:
Ты его, моляся Богу,
    Ставь перед собой;
Да, готовясь в бой опасный,
    Помни мать свою....
Спи, младенец мой прекрасный,
    Баюшки — баю.

Лермонтов

ПОЭЗИЯ И ПЕСНИ

Утёс

Ночевала тучка золотая
На груди утёса великана;
Утром в путь она умчалась рано,
По лазури весело играя.
Но остался влажный след в морщине
Старого утёса. Одиноко
Он стоит; задумался глубоко,
И тихонько плачет он в пустыне....

Лермонтов

Внимая ужасам[1] войны

Внимая ужасам войны,
При каждой новой жертве боя
Мне жаль не друга, не жены,
Мне жаль не самого героя....
Увы! Утешится жена,
И друга лучший друг забудет;
Но где-то есть душа одна —
Она до гроба помнить будет!
Средь лицемерных наших дел
И всякой пошлости и прозы
Одни я в мире подсмотрел
Святые, искренние слёзы:
То слёзы бедных матерей!
Им не забыть[2] своих детей,
Погибших на кровавой ниве,
Как не поднять плакучей иве
Своих поникнувших ветвей...

Некрасов[3]

---

[1] Внимать calls for the dative case.
[2] Idiomatic expression for "it will be impossible for them to forget."
[3] See page 58.

Катюша

Сл. М. Исако́вского, муз. М. Бла́нтер
(Copyright 1943 by Leeds Music Corporation, New York, N. Y.)

Расцвета́ли я́блони и гру́ши,
Поплыли́ тума́ны над реко́й.
Выходи́ла на́ берег Катю́ша,
На высо́кий на́ берег круто́й. } два ра́за

Выходи́ла, пе́сню заводи́ла
Про степно́го си́зого орла́:
Про того́, кото́рого люби́ла,
Про того́, чьи пи́сьма берегла́. } два ра́за

Ой, ты, песня, песенка девичья,
Ты лети за ясным солнцем вслед,
И бойцу на дальнем пограничьи } два раза
От Катюши передай привет.

Пусть он вспомнит девушку простую,
И услышит, как она поёт;
Пусть он землю бережёт родную, } два раза
А любовь Катюша сбережёт.

Расцветали яблони и груши,
Поплыли туманы над рекой.
Выходила на берег Катюша, } два раза
На высокий на берег крутой.

Вечерний звон

Сл. И. Козлова, по Томас Мур

Вечерний звон, вечерний звон!
Как много дум наводит он
О юных днях в краю родном,
Где я любил, где отчий дом,
И как я, с ним навек простясь,
Там слышал звон в последний раз.

Мете́лица

Ру́сская наро́дная пе́сня

Вдоль по у́лице мете́лица метёт,
За мете́лицей мой ми́ленький идёт.

    Ты посто́й, посто́й, краса́вица моя́! ⎫
    Дозво́ль нагляде́ться, ра́дость, на тебя́! ⎭ два ра́за

На твою́ ли на прия́тну красоту́,
На твоё ли да на бе́лое лицо́.

    Ты посто́й, посто́й, краса́вица моя́! ⎫
    Дозво́ль нагляде́ться, ра́дость, на тебя́! ⎭ два ра́за

Красота́ твоя́ с ума́ меня́ свела́,
Сокруши́ла до́бра мо́лодца меня́.

    Ты посто́й, посто́й, краса́вица моя́! ⎫
    Дозво́ль нагляде́ться, ра́дость, на тебя́! ⎭ два ра́за

Одинокая гармонь

(Copyright by Leeds Music Corporation, New York, N. Y.)

Одинокая гармонь

Снова замерло¹ всё до рассвета;
Дверь не скрипнет, не вспыхнет огонь,
Только слышно на улице где-то
Одинокая бродит гармонь.

То пойдёт на поля за ворота,
То обратно вернётся опять,
Словно ищет в потёмках кого-то
И не может никак отыскать.

Веет с поля ночная прохлада,
С яблонь цвет облетает густой.
Ты признайся, кого тебе надо²
И скажи, гармонист молодой.

Может, радость твоя недалёка,
Да не знаю, её-ли ты ждёшь.
Что ж ты бродишь всю ночь одиноко,
Что ж ты девушкам спать не даёшь?³

---

¹ Fell quiet.
² Whom are you after?
³ Why don't you let the girls sleep?

Сиби́рский ве́чер

Сиби́рский ве́чер

Тайга́[1] загляде́лась в око́шко;
Мете́ль шелести́т по стене́.
В тайге́ у Байка́ла гармо́шка
Поёт о степно́й стороне́.

И чу́дится де́вушками в ха́те
Не ночь, не снега́ у окна́:
Просто́рная степь на зака́те
И ти́хого До́на волна́.

И сам гармони́ст забыва́ет,
Что по́зднее вре́мя ко сну́[2],
И сам гармони́ст вспомина́ет
Москву́ и каза́чку одну́.

Под сво́дами све́тлого за́ла,
Где встре́ча геро́ев была́,
Каза́чка[3] два сло́ва сказа́ла
И се́рдце с собо́й увезла́.[4]

Тайга́ загляде́лась в око́шко;
Мете́ль шелести́т по стене́.
В тайге́ у Байка́ла гармо́шка
Поёт о степно́й стороне́.

---

[1] Taiga. Vast Siberian forests.
[2] High time for bed.
[3] Fem. of каза́к.
[4] Past of увезти́.

Размечтался солдат молодой

Размечта́лся[1] солда́т молодо́й.

Ветеро́к пролете́л над доли́ною
Зашепта́лся[2] с лесно́ю[3] траво́й.
Ти́хо слу́шая песнь соловьи́ную,[4]
Размечта́лся солда́т молодо́й.

Ой ты, ве́тер, поко́я не зна́ющий,
Мчись туда́, где меня́ теперь не́т;
Ты подру́жке, весну́ вспомина́ющей,
Переда́й мой солда́тский приве́т.

Ой вы, ма́йские но́чки прекра́сные,
Соловьи́ные пе́сни в саду́!
Ой вы, о́чи лучи́стые, я́сные,
Лу́чше вас не найду́![5]

---

[1] See мечта́ть.
[2] See шепта́ть.
[3] Adj. of лес.
[4] Adj. of солове́й (nightingale).
[5] Fut. of найти́.

УПРАЖНЕ́НИЯ

Оши́бка

I. *Прочита́йте (и́ли перепиши́те) сле́дующий текст, доба́вив недостаю́щие слова́ (Read or copy the following text, supplying the missing words):*

"Пе́тя, ско́лько раз я — тебе́ не брать ничего́ —. Ты уже́ большо́й —, сты́дно. На́до — ви́лкой.

—Но, ма́ма, — не всегда́ е́ли ви́лками. Па́льцы бы́ли — —, когда́ ви́лок ещё — —.

—Да, но не твой."

II. *Дикто́вка.*

Лю́ди не всегда́ е́ли ви́лками. Но Пе́тя уже́ большо́й ма́льчик. Не на́до ничего́ брать па́льцами. На́до есть ви́лкой.

III. *Разыгра́йте э́ту сце́ну.*

Оди́н учени́к бу́дет игра́ть роль Пе́ти, друго́й — роль его́ ма́мы.[1]

Кто прав?

I. *Прочита́йте (и́ли перепиши́те), доба́вив недостаю́щие слова́:*

Ва́ня люби́л по́здно —. "Сты́дно, Ва́ня, так по́здно —," сказа́л ему́ одна́жды оте́ц, и что́бы дать сы́ну —, он рассказа́л ему́ про —, кото́рый шёл ра́но — — и нашёл — де́нег.

"Но, па́па, тот кто — э́ти —, встал ещё ра́ньше."

---

[1] Enact this scene. One student will play the part of Petya, another — the part of his mother.

II. *Диктовка.*

Человек шёл по улице. Он нашёл много денег. Ваня любил поздно спать. Ваня не нашёл денег. Отец сказал: "Стыдно так поздно спать."

III. *Ответьте на вопросы (Answer, in complete sentences, the following questions):*
1. Что Ваня любил?
2. Что сказал отец?
3. Кто шёл по улице?
4. Когда он шёл?
5. Что он нашёл?
6. Кто это рассказал Ване?
7. Для чего он ему это рассказал?

На пожаре

I. *Прочитайте (или перепишите), добавив недостающие слова:*
1. Один раз загорелся —.
2. В доме осталась маленькая —.
3. Собака — в зубах девочку.
4. Мать — от радости.
5. Собака опять — в дом.
6. Она несла в зубах большую —.

II. *Диктовка.*
1. Приехали пожарные.
2. К ним выбежала женщина.
3. Пожарные послали собаку.
4. Мать бросилась к дочери.
5. Она плакала от радости.
6. Собака несла в зубах куклу.

III. *Вопросы.*
 1. Кто вы́бежал к пожа́рным?
 2. Что де́лала же́нщина?
 3. Что она́ говори́ла?
 4. Кого́ пожа́рные посла́ли?
 5. Когда́ соба́ка вы́бежала и́з дому?
 6. Что она́ несла́?
 7. Как она́ несла́ её?
 8. Что сде́лала мать?
 9. Что сде́лала тогда́ соба́ка?
 10. Что она́ несла́ в зуба́х?

Аппети́т

I. *Прочита́йте (и́ли перепиши́те), доба́вив недоста́ющие слова́:*
 1. Ве́ра — : "Како́й невку́сный суп!"
 2. По́сле — Ве́ра пошла́ в по́ле.
 3. Мать поста́вила на — суп.
 4. Ве́ра — с аппети́том.
 5. "Како́й вку́сный суп!" — она́.
 6. Это тот са́мый суп, что — за обе́дом.
 7. Тепе́рь он вку́сный, потому́ что Ве́ра — .

II. *Дикто́вка.*
Ве́ра сказа́ла, что суп невку́сный. Она́ положи́ла ло́жку на стол. Ве́ра пошла́ копа́ть карто́фель. Она́ мно́го рабо́тала. Она́ сказа́ла, что суп вку́сный.

III. *Вопросы.*
 1. Что сказа́ла Ве́ра за обе́дом?
 2. Куда́ она́ положи́ла ло́жку?
 3. Куда́ Ве́ра пошла́ по́сле обе́да?
 4. Заче́м она́ туда́ пошла́?

5. Что мать поставила на стол?
6. Что Вера сказала?
7. Почему суп теперь вкусный?

Не в деньгах счастье

I. *Прочитайте (или перепишите), добавив недостающие слова:*

В одном доме — два человека: — и —. — много — и за работой —. Когда — пел, — не мог —. Он дал бедному много —, чтоб он не пел. Бедный — петь. И ему стало —. Он пошёл к богатому и —: "Возьми — назад, а мне позволь —. Лучше жить —, да —."

II. *Диктовка.*

В доме жили два человека: один бедный, другой богатый. Бедный много работал и много пел. Богатый не работал и не пел. Ему было скучно, и он не мог спать. Лучше жить бедно, да весело.

III. *Вопросы.*
1. Где жили эти два человека?
2. Они были богатые, или бедные?
3. Кто много работал?
4. Что он делал, когда работал?
5. Что богатый дал бедному?
6. Для чего (what for) он их дал?
7. Что бедный перестал делать?
8. Теперь ему было весело или скучно?
9. Как лучше жить: богато, да скучно, или бедно, да весело?

УПРАЖНЕ́НИЯ

Бесцеремо́нный гость

I. *Прочита́йте (и́ли перепиши́те), доба́вив недостаю́щие слова́:*

Никола́й Фёдоров живёт в —. К нему́ прие́хал из — —. Он прие́хал на не́сколько —.

Прохо́дит неде́ля, друга́я, но гость ничего́ не — о возвраще́нии —.

"Ва́ша жена́ и —, вероя́тно, — без вас."

"Да, вероя́тно. Я хочу́ — им, чтоб они́ — —."

II. *Дикто́вка.*

Никола́й живёт в Москве́. К нему́ прие́хал гость. Прохо́дит не́сколько дней, неде́ля. Его́ жена́ и де́ти скуча́ют. Он им написа́л, чтоб они́ прие́хали в Москву́.

III. *Вопро́сы.*

1. Где живёт Никола́й?
2. Кто прие́хал к нему́?
3. На ско́лько дней он прие́хал?
4. Что гость говори́т о возвраще́нии домо́й?
5. Что говори́т ему́ Никола́й?
6. Что отвеча́ет гость?

Два го́стя

I. *Дикто́вка.*

У америка́нца обе́дали го́сти. Молодо́й челове́к уви́дел на столе́ горчи́цу. Он положи́л ло́жку горчи́цы в рот. Стари́к сиде́л ря́дом с ним. Он спроси́л, о чём молодо́й пла́чет. Молодо́й челове́к вспо́мнил отца́. Стари́к сказа́л, что он пла́чет о том, что молодо́й не у́мер вме́сте с отцо́м.

II. *Вопро́сы.*
  1. Где обе́дали го́сти?
  2. Кто уви́дел горчи́цу?
  3. Где он её уви́дел?
  4. Что он сде́лал?
  5. Кто сиде́л ря́дом с ним?
  6. Что он спроси́л?
  7. Что отве́тил молодо́й челове́к?
  8. Кто пото́м уви́дел горчи́цу?
  9. Что спроси́л молодо́й челове́к?
  10. Что отве́тил стари́к?

III. *Пра́вильно и́ли непра́вильно?*[1]
  1. Го́сти обе́дали у бе́дного ру́сского.
  2. Молодо́й челове́к уви́дел горчи́цу.
  3. Он попро́бовал горчи́цу.
  4. Он засмея́лся.
  5. Он сказа́л, что вспо́мнил отца́.
  6. Оте́ц его́ у́мер.
  7. Он у́мер давно́.
  8. Стари́к попро́бовал горчи́цу.
  9. Молодо́й челове́к спроси́л: "О чём вы пла́чете?"
  10. "О том, что твой оте́ц у́мер" — отве́тил стари́к.

---

[1] Note for the teacher. — This kind of exercise can be used in two ways, according to the state of progress of the students:

(a) The teacher reads (or says) the sentence, and, if the statement is true, the student answers simply: "Да, пра́вильно"; if it is not, the student says: "Нет, э́то непра́вильно."

(b) The teacher reads (or says) the sentence. If what he says is true, the student answers: "Да, пра́вильно," and repeats the statement; if not, the student says: "Нет, э́то непра́вильно" and gives the true statement. For example:

Teacher: "Го́сти обе́дали у бе́дного ру́сского."

Student: "Нет, э́то непра́вильно. Го́сти обе́дали у бога́того америка́нца."

Уро́к ве́жливости

I. *Прочита́йте (и́ли перепиши́те), доба́вив недоста́ющие слова́:*

Никола́й Петро́в — с сы́ном в па́рке. Они́ — Степа́нова, и Степа́нов дал — кусо́чек шокола́ду. "Что на́до —, Ко́ля?" — оте́ц ма́льчику. "У меня́ есть ещё два —", и ма́льчик протя́гивает Степа́нову —.

II. *Дикто́вка.*

Петро́в гуля́л в па́рке. Он гуля́л с сы́ном. Степа́нов дал ма́льчику кусо́чек шокола́ду. "У меня́ есть ещё два бра́та" — сказа́л ма́льчик.

III. *Вопро́сы.*
1. Кто гуля́л в па́рке?
2. Кого́ они́ там встре́тили?
3. Что Степа́нов дал ма́льчику?
4. Что оте́ц сказа́л сы́ну?
5. Что ма́льчик сказа́л?

Хоро́ший муж

I. *Прочита́йте (и́ли перепиши́те), доба́вив недоста́ющие слова́:*

Ивано́в вхо́дит с — в — и говори́т: "Да́йте нам, —, хоро́ший обе́д. Мы мно́го гуля́ли, и мы о́чень —."
"Хоро́ший обе́д? Не могу́," отвеча́ет — рестора́на. "Тепе́рь —, и у нас есть всего́ — котле́та."
"— котле́та! — —! Что же бу́дет есть моя́ —?"

II. *Вопро́сы.*
1. Куда́ вхо́дит Ивано́в с жено́й?
2. Почему́ они́ о́чень го́лодны?

3. Что Ива́нов говори́т хозя́ину рестора́на?
   4. Что отвеча́ет хозя́ин рестора́на?
   5. Что говори́т Ива́нов?
III. *Разыгра́йте э́тот анекдо́т.*

Два дру́га

I. *Дикто́вка.*
"Степа́н, ты меня́ зна́ешь уже́ де́сять лет, пра́вда?
— Да, мой друг, пра́вда.
— Ты меня́ хорошо́ зна́ешь, пра́вда?
— Да, о́чень хорошо́.
— Одолжи́ мне, пожа́луйста, сто рубле́й.
— Не могу́, мой друг, не могу́!
— Но почему́?
— Потому́ что я тебя́ хорошо́ зна́ю."
II. *Разыгра́йте э́тот анекдо́т.*

Обману́л

I. *Вопро́сы.*
   1. Что учени́к говори́т учи́телю?
   2. Что де́лает учи́тель?
   3. Почему́ Ко́ля Степа́нов не мо́жет притти́ в класс?
   4. Что сказа́л ему́ до́ктор?
   5. Что спра́шивает учи́тель?
   6. Что отвеча́ет Ко́ля?

II. *Прочита́йте (и́ли перепиши́те), доба́вив недоста́ющие слова́:*
   1. Вас — к телефо́ну.
   2. Ко́ля Степа́нов не мо́жет — в класс.
   3. До́ктор сказа́л ему́ — в посте́ли.
   4. Кто у —?

Москва́. Садо́вая-Черногря́зская у́лица

III. *Диктовка.*
1. Учитель идёт к телефону.
2. Коля Степанов болен.
3. Он не может притти в класс.
4. Доктор сказал ему лежать в постели.
5. Папа Коли Степанова у телефона.

Скворец

I. *Прочитайте (или перепишите), добавив недостающие слова:*
1. У одного — — был скворец.
2. Старик — его сказать — слов по-русски.
3. У старика был —.
4. Коле очень — скворец.
5. Он часто — к сапожнику.
6. Старика — — дома.
7. Коля быстро — птичку.
8. Он — её в —.
9. Он хотел —.
10. Но вошёл — скворца.
11. Он громко —.
12. Скворец ответил из — мальчика.

II. *Вопросы.*
1. У кого был скворец?
2. Что спрашивал сапожник, когда он входил в дом?
3. Что отвечал скворец?
4. Кто был сосед старика?
5. Почему Коля часто приходил к сапожнику?
6. Что он хотел иметь?
7. Что сделал Коля, когда старика не было дома?

8. Что он хотел сделать?
9. Кто вошёл в это время
10. Что он крикнул?
11. Как он это крикнул?
12. Что ответил скворец?
13. Откуда он ответил?

III. *Диктовка.*
1. У сапожника был скворец.
2. Старик любил птичку.
3. Он научил её сказать несколько слов по-русски.
4. Сапожник входил в дом и спрашивал: "Где ты, скворушка?"
5. Птичка отвечала: "Я здесь, дедушка!"
6. У старика был маленький сосед.
7. Коле очень нравился скворец.
8. Он часто приходил к сапожнику.
9. Он хотел послушать, как птичка говорит.
10. Он хотел иметь скворца.
11. Коля спрятал птичку в карман.
12. Хозяин скворца вошёл и спросил: "Где ты, скворушка?"

Сокол и петух

I. *Прочитайте (или перепишите), добавив недостающие слова:*
1. Сокол любил своего —.
2. Когда хозяин его —, он к нему —.
3. Петух — от хозяина.
4. Сокол говорит, что — неблагодарные.

5. Они то́лько — иду́т к хозя́ину, когда́ они́ —.
6. Со́кол — не ви́дел — со́кола.
7. Пету́х — ви́дит жа́реных —.

II. *Дикто́вка.*

Со́кол люби́л хозя́ина. Он прилета́л к нему́. Пету́х убега́л, когда́ хозя́ин хоте́л подойти́. Мы не убега́ем от люде́й. Мы всегда́ идём к ним. Мы по́мним, что они́ нас ко́рмят.

III. *Вопро́сы.*
1. Кого́ со́кол люби́л?
2. Что он де́лал, когда́ хозя́ин его́ звал?
3. Что де́лал пету́х, когда́ хозя́ин хоте́л подойти́ к нему́?
4. Почему́ со́колы не убега́ют от люде́й?
5. Почему́ петухи́ от них (from them) убега́ют?

До́брое се́рдце

I. *Прочита́йте (и́ли перепиши́те), доба́вив недоста́ющие слова́:*

Оди́н — уме́л сказа́ть "—" по —, по —, по — и по —. Что́бы привле́чь — люде́й, он пове́сил на — вы́веску: "Э́тот — полигло́т."

Прохо́дят две —. Одна́ из них — вы́веску и говори́т —: "Несча́стный! Вы —? Он не — слепо́й, но — полигло́т!"

II. *Вопро́сы.*
1. Что слепо́й уме́л сказа́ть?
2. На каки́х языка́х (in what languages)?
3. Что он пове́сил на груди́?
4. Заче́м он пове́сил э́ту вы́веску?

5. Что было написано (what was written) на вывеске?
  6. Кто проходит?
  7. Что одна женщина говорит другой?
III. *Расскажите (relate) этот анекдот.*

Урок музыки

I. *Прочитайте (или перепишите), добавив недостающие слова:*
  1. Русский — Чайковский увидел однажды — — шарманщика.
  2. Шарманщик плохо —.
  3. Чайковский сказал ему, — его музыка —; он играет —.
  4. Шарманщик —: "Это — — музыка."
  5. Чайковский —: "Я это —, я сам эту музыку —."
  6. Чайковский — к шарманке и сыграл арию.
  7. Через несколько — на шарманке висела —: "— — — —."

II. *Диктовка.*
  1. Шарманщик играл неправильно арию из оперы Чайковского.
  2. Когда Чайковский его увидел, он ему сказал, что его музыка ужасна.
  3. Шарманщик ответил, что он ничего не понимает; что это очень хорошая музыка.
  4. Тогда Чайковский сыграл арию, и сказал шарманщику, кто он.
  5. Чайковский увидел шарманщика через несколько дней.
  6. На шарманке висела вывеска: "Ученик великого композитора Чайковского."

III. *Вопросы.*
   1. Кого однажды увидел Чайковский?
   2. Что шарманщик играл?
   3. Как он играл?
   4. Что Чайковский сказал ему?
   5. Что шарманщик ответил?
   6. Почему Чайковский знает эту музыку?
   7. Что Чайковский сделал?
   8. Когда Чайковский опять встретил шарманщика?
   9. Что он увидел?
   10. Что было написано на вывеске?

Следы

I. *Прочитайте (или перепишите), добавив недостающие слова:*
   1. Отец сказал —, чтоб он вбил в — гвоздь, когда он совершит — —, и чтоб вырвал из — гвоздь, — — совершит — —.
   2. Скоро вся — была — гвоздями.
   3. Сыну стало —, и он — исправиться.
   4. Скоро все — исчезли.
   5. Когда отец это —, он сказал, что он очень —.
   6. Но сын не был —, потому что гвозди —, но их следы —.

II. *Вопросы.*
   1. Когда надо вбить в стену гвоздь?
   2. Когда надо вырвать гвоздь из стены?
   3. Чем (with what) была покрыта стена?
   4. Что сын решил?
   5. Почему отец обрадовался?

6. Что он сказа́л?
7. Как сын посмотре́л на отца́?
8. Что он сказа́л?

Де́душка

I. *Прочита́йте (и́ли перепиши́те), доба́вив недостаю́щие слова́:*
 1. Де́душка был —.
 2. Он пло́хо — и —.
 3. У него́ дрожа́ли —, и он — суп.
 4. Его́ переста́ли сажа́ть — —.
 5. Его́ сажа́ли — — и подава́ли ему́ суп в — —.
 6. Старику́ бы́ло — —, но он — не сказа́л.
 7. Внук старика́ сиде́л — — и де́лал — таре́лку.
 8. Он сказа́л, что — э́той таре́лки он бу́дет — отца́ и мать, когда́ они́ бу́дут —.
 9. Оте́ц и мать посмотре́ли — — —.
 10. Им — сты́дно, и они́ ста́ли опя́ть — старика́ — —.

II. *Вопро́сы.*
 1. Как де́душка ви́дел и слы́шал?
 2. Почему́ он за столо́м пролива́л суп?
 3. Куда́ переста́ли сажа́ть старика́?
 4. Куда́ его́ ста́ли сажа́ть?
 5. Что сказа́л де́душка?
 6. Почему́ он вздохну́л?
 7. Где сиде́л Ми́ша, и что он де́лал?
 8. Для чего́ он де́лал э́ту таре́лку?
 9. Что сде́лали оте́ц и мать? (Они́ посмотре́ли ... и ста́ли опя́ть сажа́ть ...).

Туркмения (Совфото)

Умный судья

I. *Прочитайте (или перепишите), добавив недостающие слова:*
1. Купец потерял — — —.
2. Он объявил, — в кошельке было — — —.
3. Он обещал за кошелёк — — —.
4. Один — нашёл кошелёк и — его купцу.
5. Он попросил — рублей, которые купец —.
6. Но купец не — дать — денег.
7. Он сказал, что рабочий — — принёс; что в кошельке был — камень.
8. Рабочий пошёл к —.
9. Судья — купца и — ему: "В — кошельке нет —, значит он не —. Пусть он — у рабочего."

II. *Диктовка.*
1. Богатый купец потерял кошелёк, в котором было много денег.
2. Он объявил в газетах, что даст[1] тысячу рублей тому, кто принесёт ему кошелёк.
3. Один рабочий нашёл кошелёк и принёс его купцу.
4. Купец не хотел дать ему деньги, которые он обещал.
5. Он сказал, что рабочий не всё принёс.
6. Судья приказал (ordered), чтоб кошелёк остался у рабочего.

III. *Вопросы.*
1. Кто потерял кошелёк с деньгами?
2. Сколько денег было в кошельке?
3. Что купец обещал?
4. Кто нашёл деньги?

[1] See давать

5. Почему́ купе́ц сказа́л, что в кошельке́ был ка́мень?
6. К кому́ (to whom) пошёл рабо́чий?
7. Кого́ судья́ призва́л?
8. У кого́ оста́нется кошелёк?
9. До каки́х пор (how long)?

По́мощь

I. *Дикто́вка.*

Ско́лько сто́ит фунт ко́фе? Килогра́мм са́хару сто́ит два́дцать копе́ек. Вы мне дади́те сда́чи с пяти́ рубле́й. Напиши́те э́то на листе́ бума́ги. Я ничего́ не хочу́. Учи́тель за́дал нам зада́чу. Вы помогли́ мне реши́ть её.

II. *Разыгра́йте э́ту сце́ну.*

Ещё раз

I. *Дикто́вка.*
1. Ва́ня, в по́езде, стои́т у откры́того окна́.
2. Оте́ц ему́ говори́т: "Не стой у окна́," но Ва́ня не слу́шается.
3. Ему́ нра́вится смотре́ть, как поля́ и дере́вья бегу́т ми́мо по́езда.
4. Оте́ц бы́стро снима́ет шля́пу с головы́ ма́льчика, пря́чет её и говори́т, что ве́тер её унёс.
5. Когда́ Ва́ня запла́кал (began to weep), оте́ц сказа́л, что он зна́ет, как верну́ть шля́пу.
6. Он сви́стнул и верну́л ма́льчику шля́пу.
7. Тогда́ ма́льчик бро́сил шля́пу за окно́ и сказа́л отцу́, чтоб он опя́ть сви́стнул.

II. *Пра́вильно и́ли непра́вильно:*
1. Ва́ня е́дет в автомоби́ле со свои́м отцо́м.
2. Он всё вре́мя стои́т о́коло (near) отца́.
3. Оте́ц ему́ говори́т: "Ва́ня, на́до стоя́ть о́коло окна́."
4. Ма́льчик стои́т у окна́ и смо́трит, как поля́ и дере́вья бегу́т ми́мо по́езда.
5. По́езд идёт бы́стро, и си́льный ве́тер ду́ет в лицо́ Ва́ни.
6. Ва́не э́то не нра́вится.
7. Оте́ц бы́стро снима́ет шля́пу Ва́ни и броса́ет её за окно́.
8. Ва́ня пла́чет.
9. Оте́ц говори́т Ва́не: "Не плачь, утри́ глаза́, я зна́ю, как верну́ть шля́пу."
10. Оте́ц надева́ет Ва́не на го́лову шля́пу, и ма́льчик бы́стро пря́чет её за спи́ну.

Гу́си

I. *Вопро́сы.*
1. Где крестья́нин хоте́л прода́ть гусе́й?
2. Как гу́си шли?
3. Что сде́лал крестья́нин?
4. Кого́ они́ встре́тили?
5. Почему́ гу́си жа́ловались?
6. Что их пре́дки сде́лали?
7. Почему́ пре́дки гусе́й знамени́ты в исто́рии?
8. Э́ти гу́си лу́чше други́х гусе́й?
9. Чем ка́ждый до́лжен горди́ться?

II. *Переведи́те.*[1]
1. A peasant was driving geese.

[1] Translate.

2. The geese walked slowly.
3. They met a passer-by.
4. They started to complain.
5. Our ancestors saved Rome.
6. They are famous in history.
7. Let each be proud of his (own) acts.

Стрекоза́ и мураве́й

I. *Дикто́вка.*
1. Бы́ло жа́ркое ле́то.
2. Стрекоза́ была́ сча́стлива, потому́ что везде́ бы́ло мно́го травы́, ли́стьев и цвето́в.
3. Она́ всё ле́то пе́ла, не рабо́тала и ничего́ не загото́вила на́ зиму.
4. Пришла́ зима́, исче́зли трава́ и цветы́, и на земле́ лежа́л глубо́кий снег.
5. Голо́дная стрекоза́ пошла́ к муравью́ и попроси́ла его́ одолжи́ть ей немно́го зерна́.
6. Мураве́й у неё спроси́л, что она́ де́лала ле́том.
7. Когда́ стрекоза́ ему́ сказа́ла, что она́ всё ле́то пе́ла, мураве́й поверну́лся и ушёл.

II. *Вопро́сы.*
1. Почему́ стрекоза́ была́ сча́стлива?
2. Что она́ де́лала всё ле́то?
3. О чём она́ не ду́мала? (Не всегда́ бу́дет ле́то, наступи́т ..., исче́знут ..., на земле́ бу́дет лежа́ть ...)
4. Кака́я была́ пого́да (weather), когда́ наступи́ла о́сень?
5. Что стрекоза́ вспо́мнила?
6. К кому́ она́ пошла́?

7. Зачéм онá к немý пошлá?
8. Что муравéй у неё спросúл? (два вопрóса).
9. Что стрекозá отвéтила? (Бы́ло вéсело. Вездé бы́ло мнóго ... Онá забы́ла ...)
10. Что муравéй на э́то отвéтил, и что он сдéлал?

Вáнька

I. *Вопрóсы.*
1. Скóлько лет Вáньке Жýкову?
2. Есть ли у негó родúтели?
3. Кто егó привёл в Москвý? Откýда? Когдá?
4. У когó дéдушка остáвил мáльчика? Зачéм?
5. Почемý Вáнька остáлся одúн в дóме?
6. Что он сдéлал?
7. За что хозя́ин побúл Вáньку?
8. Кто ещё егó бьёт?
9. Кто смеётся над ним?
10. Что Вáньке даю́т есть?
11. Где он спит?
12. Что он дéлает, когдá ребёнок плáчет?
13. Почемý Вáнька не убежáл в деревню?
14. Что он бýдет дéлать, когдá дéдушка умрёт?
15. Что Вáнька пúшет о Москвé?
16. Кто научúл Вáньку читáть и писáть?
17. Какóй áдрес Вáнька написáл?

II. *Переведúте.*
1. Vanka is ten years old.
2. He has neither father nor mother.
3. His grandfather brought him to Moscow from a village.
4. Vanka wrote to his grandfather:
5. "Dear grandfather, take me home to the village.

6. I can't live here. I will do everything for you.
7. I am hungry all the time."
8. Vanka finished the letter and wrote the address.

Птичка

I. *Диктовка.*
  1. Молодой Тургенев был с отцом на охоте.
  2. Они шли по лесу.
  3. Вдруг птичка вылетела из своего гнезда и улетела.
  4. Она притворилась раненой, чтоб отвести собаку от своих маленьких.
  5. Но она не могла улететь от собаки.
  6. Собака схватила её и принесла её хозяину.
  7. Теперь она лежала на ладони отца Тургенева и смотрела на него.
  8. Она не будет долго жить.
  9. Но за что она должна умереть?
  10. Какая несправедливость!

II. *Правильно или неправильно?*
  1. Тургенев с отцом шли по улице.
  2. Из-под их ног выбежала собака.
  3. Птичка схватила собаку.
  4. У птички было близко гнездо.
  5. В гнезде были маленькие.
  6. Птичка улетела от собаки.
  7. Тургенев ушёл от птички.
  8. Она смотрела на него.
  9. Птичка исполняла свой долг.

Пари́

I

I. *Дикто́вка.*

Банки́р дава́л ве́чер. Юри́ст сказа́л, что он вы́нес бы пятна́дцать лет заключе́ния. Его́ за́перли в до́мике в саду́. В пе́рвый год он мно́го игра́л на роя́ле. Во второ́й год он чита́л кла́ссиков. Пото́м он чита́л би́блию, исто́рию рели́гий и кни́ги по психоло́гии.

II. *Вопро́сы.*
1. Что дава́л банки́р пятна́дцать лет тому́ наза́д?
2. Кто был на ве́чере?
3. О чём говори́ли го́сти?
4. Куда́ за́перли юри́ста?
5. Ско́лько лет он до́лжен там быть?
6. Чего́ он не мо́жет получа́ть?
7. Что заключённый де́лал в пе́рвый год?
8. От чего́ он отказа́лся?
9. Что он чита́л?
10. Каки́е кни́ги он чита́л во второ́й год?
11. Что он де́лал в пя́тый год?
12. Что он изуча́л в шесто́й год?

II

I. *Вопро́сы.*
1. Когда́ заключённый получа́ет свобо́ду?
2. Ско́лько де́нег банки́р до́лжен бу́дет дать ему́?
3. Что бу́дет, е́сли он э́то сде́лает?
4. Когда́ банки́р был бога́т?
5. Почему́ он тепе́рь не так бога́т?
6. В кото́ром часу́ но́чи банки́р вы́шел и́з дому?
7. В каку́ю ко́мнату вошёл банки́р?

8. Почему он там зажёг спичку?
   9. Что он увидел в комнате заключённого? (Где сидел заключённый? В какой позе? Что было на столе, на стульях?)
  10. Что банкир сделал прежде чем войти в комнату заключённого?
  11. Почему заключённый не ответил?

II. *Переведите.*
   1. Tomorrow at twelve o'clock he will get his freedom.
   2. The banker will have to give two million (rubles).
   3. If he does this, he will be a poor man.
   4. Fifteen years ago, the banker was very rich, but he lost his money.
   5. It was three o'clock when the old man left the house.
   6. In the garden it was dark and cold. It was raining.
   7. The banker thought: "If I kill this man, nobody will know that I did it."
   8. He entered quietly and looked into the room of the prisoner.
   9. A candle was burning there, and the prisoner was sitting near the table, with his back toward the window.
  10. On the table, on the chairs, on the carpets were lying books.

III

I. *Диктовка.*
   1. В комнате за столом сидел человек.
   2. Он был там один пятнадцать лет.
   3. Пятнадцать лет он не видел земли и людей.
   4. Но он много читал, много думал и много понял.

5. Он по́нял, что лю́ди иду́т не по той доро́ге; что они́ принима́ют ложь за пра́вду.
6. Он отказа́лся от двух миллио́нов, и вы́шел из до́мика за пять часо́в до сро́ка.

II. *Вопро́сы:*
1. Где сиде́л челове́к?
2. Что он де́лал?
3. Что лежа́ло пе́ред ним на столе́?
4. Ско́лько лет заключённый был оди́н в до́мике?
5. Ви́дел ли он зе́млю, люде́й?
6. Каки́м о́бразом (how) он по́нял жизнь, люде́й?
7. Иду́т ли лю́ди по пра́вильной доро́ге?
8. За что принима́ют они́ ложь?
9. На что они́ променя́ли не́бо?
10. Каки́м о́бразом заключённый потеря́л свои́ два миллио́на?

III. *Переведи́те.*
1. The prisoner was sleeping.
2. Before him, on the table, lay a sheet of paper.
3. Something was written on it.[1]
4. The banker took the sheet of paper and read the following:
5. I wish to say a few words.
6. I have seen the sun rise in the morning.
7. I have seen green forests, fields, rivers, and cities.
8. I will lose my two millions.

[1] На нём.

До́рого сто́ит

I

I. *Вопро́сы.*
1. Где нахо́дится[1] Мона́ко?
2. Ско́лько там жи́телей?
3. Мно́го ли во́йска у кня́зя Мона́ко?
4. Как живу́т жи́тели Мона́ко?
5. Что там одна́жды случи́лось[2]?
6. К чему́ присуди́ли престу́пника?
7. Кому́ мини́стры реши́ли написа́ть?
8. Ско́лько бу́дут сто́ить гильоти́на и пала́ч?
9. Куда́ посади́ли престу́пника?
10. Кого́ к нему́ приста́вили?

II. *Пра́вильно и́ли нет:*
1. Мона́ко о́чень больша́я страна́.
2. Э́та страна́ нахо́дится далеко́ от мо́ря.
3. В Мона́ко есть князь.
4. У кня́зя нет во́йска.
5. В Мона́ко приезжа́ют лю́ди рабо́тать и чита́ть.
6. В Мона́ко есть гильоти́на и пала́ч.
7. Солда́ты согласи́лись отруби́ть престу́пнику го́лову.
8. Престу́пника посади́ли в тюрьму́.
9. К нему́ не приста́вили сто́рожа.

III. *Переведи́те.*
1. On the shore of the Mediterranean is a small country which is called Monaco.

[1] Is.
[2] Happened.

2. The inhabitants of Monaco live quietly and peacefully, but one day in this quiet, peaceful land a man killed another one.
3. They arrested him and sentenced him to be beheaded.
4. But in Monaco there was neither a guillotine nor a hangman.
5. The prince and his ministers thought and thought, and decided to write to the French government.
6. In a week an answer was received.
7. But the ministers decided that fifteen thousand francs was too expensive.
8. They put the criminal in prison and placed a guard on him.

II

I. *Диктовка.*
1. За первый год заключённый стоил шестьсот франков.
2. Это очень дорого. Князь испугался.
3. Заключённый ещё молодой человек. Он ещё долго будет жить.
4. Его содержание (maintenance) будет стоить очень дорого.
5. Князь и министры решили услать сторожа.
6. Они думали, что заключённый уйдёт, но он не уходил.
7. Тогда совет министров решил назначить ему пенсию.
8. Заключённый получил часть денег вперёд.
9. Он купил земли, развёл огород, и живёт тихо, спокойно.

II. *Вопро́сы.*
 1. Ско́лько сто́ило содержа́ние заключённого за пе́рвый год?
 2. Почему́ его́ бу́дущее (future) содержа́ние бу́дет сто́ить о́чень до́рого?
 3. Что мини́стры реши́ли сде́лать, чтоб содержа́ние заключённого не сто́ило так до́рого?
 4. Что заключённый сде́лал, когда́ сто́рож не принёс ему́ обе́да?
 5. Что мини́стры реши́ли сказа́ть заключённому?
 6. Почему́ заключённый не хо́чет уходи́ть?
 7. Что реши́ли, наконе́ц, мини́стры?
 8. Что сде́лал заключённый?
 9. Как он тепе́рь живёт?

О́рден

I

I. *Дикто́вка.*
 1. Лев Пустяко́в был учи́тель вое́нной шко́лы.
 2. Он до́лжен был обе́дать у купца́, кото́рый о́чень лю́бит ордена́.
 3. Он пошёл к своему́ дру́гу и попроси́л у него́ о́рден.
 4. Учи́тель пое́хал на обе́д с о́рденом на груди́.
 5. Он прие́хал к купцу́ в два часа́.
 6. Го́сти уже́ обе́дали.
 7. В столо́вой был его́ това́рищ по слу́жбе, учи́тель францу́зского языка́.
 8. Пустяко́в не знал, что де́лать: он не мог показа́ть о́рден францу́зу.

УПРАЖНЕ́НИЯ

9. Он прикры́л о́рден пра́вой руко́й и сел на стул как раз про́тив своего́ колле́ги.
10. Когда́ ему́ по́дали (served) суп, он сказа́л, что не хо́чет есть.

II. *Пра́вильно или непра́вильно:*
1. Лев Пустяко́в был бога́тый банки́р.
2. Он до́лжен был обе́дать у судьи́ Попо́ва.
3. Он пошёл к своему́ дру́гу лейтена́нту и попроси́л у него́ о́рден.
4. Лейтена́нт дал ему́ о́рден Влади́мира.
5. Пустяко́в пое́хал на обе́д в двена́дцать часо́в.
6. Когда́ он вошёл в столо́вую, там ещё никого́ не́ было.
7. Он обе́дал с аппети́том.

III. *Вопро́сы.*
1. Кого́ Пустяко́в уви́дел за столо́м?
2. Почему́ он не мог показа́ть францу́зу свой о́рден?
3. Почему́ он не ушёл?
4. Что он сде́лал?
5. Почему́ он не ел суп ле́вой руко́й?
6. Что он сказа́л, когда́ пе́ред ним поста́вили таре́лку су́пу?

II

I. *Вопро́сы.*
1. Когда́ Пустяко́в посмотре́л на францу́за?
2. Что де́лал францу́з?
3. Что Пустяко́в поду́мал?
4. Кто подня́лся?
5. Что он сказа́л?

6. Что Пустяков сделал?
7. Что увидел француз, когда Пустяков протянул руку?
8. Что Пустяков увидел на груди француза?
9. Почему теперь не надо было прятать Станислава?
10. Что Пустяков делал после обеда?

II. *Переведите.*
1. After the third course, the teacher looked at the Frenchman.
2. The teacher took the goblet in his left hand.
3. Give the goblet to Nastasia Timofeevna.
4. The teacher turned pale and lowered (his) head.
5. The host asked[1] the Frenchman to give the bottle to his neighbor.
6. The teacher saw on his chest a medal.
7. The Frenchman did the same thing as he.
8. After dinner, the teacher showed the medal to the young ladies.

Москва

I. *Диктовка.*

Москва — центр советской культуры. Красная площадь находится в центре Москвы. Кремль окружён стеною. В Москве много театров, музеев, библиотек и школ. Парк Культуры и Отдыха самый большой и интересный парк в Москве. Там есть открытый театр. Этот театр называется "Зелёный". Зелёный театр очень большой. В Парке есть "детский городок". Матери приводят туда детей.

[1] Попросил.

Москва́. Пло́щадь Маяко́вского и Больша́я Садо́вая у́лица

II. *Переведите.*
1. Moscow is a very old and interesting city.
2. The Kremlin is surrounded on all sides by a wall.
3. In Moscow there are many theaters, museums, libraries, and institutions of higher learning.
4. There are also many gardens and parks.
5. In the park there is a very large open air theatre, the "Green Theatre".
6. The Moscow subway is the most beautiful and comfortable in the world.

Каникулы в Москве

I. *Диктовка.*
1. Ваня был хороший студент.
2. Он много работал и хорошо учился.
3. За это отец даёт ему деньги на поездку в Москву.
4. Ваня очень рад.
5. Он много читал о своей столице, и ему уже давно хотелось поехать туда.
6. Он провёл (spent) в Москве десять дней каникул.
7. Теперь он вернулся, и за обедом рассказывает, где он был и что он видел.
8. Он был в Московском Художественном театре, в парке Культуры и в других интересных местах (places).

II. *Вопросы.*
1. Почему отец дал Ване денег на поездку в Москву?
2. Почему сын будет рад поехать в Москву?

3. Сколько дней Ваня провёл в Москве?
4. В каком театре Ваня был в Москве?
5. Что он там смотрел?
6. Куда он поехал из театра?
7. Как он поехал туда?
8. Что он делал в парке?
9. Как называется этот парк?
10. Какую оперу он там слышал?
11. Вы были когда-нибудь в Москве?

Московское метро

I. *Диктовка.*
1. Постройка московской подземной дороги представляла большую задачу.
2. Улицы старой Москвы были узкие и кривые, и под землёй было много старых построек.
3. Почва, на которой стоит Москва, мягкая, а русские инженеры тогда ещё не знали, как её делать твёрдой.
4. У них также не было нужных машин.
5. Но подземную дорогу русские люди построили, и она самая лучшая в мире.

II. *Вопросы.*
1. Что указывает буква М?
2. Когда начали строить московское метро?
3. Почему постройка московского метро представляла очень трудную задачу? (Улицы . . . почва . . . опытные инженеры . . . машины . . .)
4. Что вы знаете о воздухе в московском метро? —О температуре? —О вагонах?
5. Почему мы знаем, что русские любят московское метро?

Метро (Совфото)

Песни

I. Вопросы
 1. Когда появились народные песни?
 2. Как называются песни, которые пелись во время работы?
 3. О каких других песнях говорит текст?
 4. Что такое обрядовые песни?
 5. Где поются свадебные песни?
 6. Похожи ли свадебные песни одна на другую?
 7. Какие бывают свадебные песни?
 8. Какая тема любовных песен?
 9. Какие ещё бывают песни?
 10. О чём в них поют?

II. Диктовка.
 1. Народные песни появились в древности.
 2. Трудовые песни облегчали труд людей.
 3. Они пелись во время работы.
 4. На свадьбах поют свадебные песни.
 5. Их содержание очень разнообразно.
 6. Свадебные песни бывают весёлые и грустные.
 7. Исторические песни посвящены историческим темам.
 8. Они рисуют народных героев, военные события, походы и сражения.

Среди льдов

I. *Вопросы.*
 1. Что лежит на далёком севере?
 2. Чем оно покрыто?
 3. Что люди решили сделать?
 4. Что случилось с дирижаблем?

5. Какое известие послали с дирижабля?
  6. Как его послали?
  7. Что сделал ледокол?
  8. Почему ледоколу было трудно пробивать лёд?
  9. Куда полетел аэроплан?
  10. Как долго люди пробыли среди льдов?

II. *Правильно или нет:*
  1. На юге лежит море, покрытое вечным льдом.
  2. Спасать погибающих людей отправился дирижабль.
  3. Чем толще лёд, тем легче ледоколу пробивать его.
  4. С аэроплана увидели деревья и цветы.
  5. С аэроплана сбросили пищу.
  6. Ледокол не спас людей.
  7. Люди пробыли среди льдов одну неделю.

Как я прыгала с самолёта

I. *Вопросы.*
  1. В какое время года лётчица прыгала первый раз с парашютом?
  2. Кто подошёл к ней, когда она была готова?
  3. Когда надо прыгать?
  4. Что может случиться, если открыть парашют слишком рано?
  5. Где сидит лётчик?
  6. Почему лётчица не слышит, что он кричит?
  7. Что делает машина?
  8. Куда лётчица смотрит?
  9. Чего она ждёт?
  10. Когда она прыгнула?

11. Что она чувствует?
12. Как она летела сначала?
13. А потом?
14. Кто к ней подошёл, когда она упала?

II. *Переведите.*
1. It was a clear, cold day, when I jumped by parachute for the first time.
2. When I was all ready, the head of the school came up to me.
3. He said: "When the pilot gives the signal, jump."
4. "Then count one, two, three."
5. The pilot cries something, but because of the noise of the motor, I don't hear.
6. I stood on the edge of the plane.
7. Now, when I tell about it, it is funny.
8. But then (I) even closed (my) eyes.

Радио

I. *Вопросы.*
1. Почему радиотелеграф стоит дешевле обыкновенного телеграфа?
2. Что радиотелеграфист посылал по радиотелеграфу?
3. Что значат эти три буквы?
4. Что сделали другие пароходы?
5. Благодаря чему можно передавать по воздуху, без проволок, разговор?
6. Где любят сидеть взрослые и дети?
7. Что они любят смотреть на телевизоре?

II. *Диктовка.*
1. Для радиотелеграфа не нужно проводить проволоки.
2. Пароход "Титаник" наскочил на ледяную гору.

3. Ра́дио бы́ло при́нято други́ми парохо́дами.
4. Они́ спасли́ мно́го пассажи́ров.
5. Тепе́рь устро́или беспро́волочный телефо́н.
6. Конце́рт и́ли о́перу, кото́рые иду́т в Москве́, мо́жно слы́шать за ты́сячи киломе́тров от Москвы́.

О рожде́нии и жи́зни волше́бных ска́зок и ми́фов

I. Пра́вильно и́ли непра́вильно.
   1. Ру́сские ска́зки расска́зывают о жи́зни студе́нтов.
   2. У ара́бских ска́зок "Ты́сяча и одна́ ночь" нет ничего́ о́бщего с ру́сскими ска́зками.
   3. Лю́ди ра́зных стран прохо́дят че́рез одина́ковые усло́вия жи́зни.
   4. Ру́сский крестья́нин не понима́л дум гре́ческого крестья́нина.
   5. Ска́зки путеше́ствуют; перехо́дят от наро́да к наро́ду.
   6. Были́ны расска́зывают о по́двигах богатыре́й.
   7. Они́ говоря́т о бу́дущем.
   8. В Сове́тском Сою́зе нет сказителей.
   9. Сказители у́чат были́ны в университе́те.
   10. Молодёжь не лю́бит слу́шать были́ны.

II. Вопро́сы:
   1. Когда́ создава́лись ми́фы?
   2. О чём расска́зывают ру́сские ска́зки и ми́фы?
   3. Вы чита́ли "Ты́сяча и одна́ ночь"?
   4. Почему́ ру́сский крестьянин понима́ет ду́мы гре́ческого?
   5. Остаю́тся ли ска́зки всегда́ на одно́м ме́сте?
   6. О чём расска́зывают были́ны?
   7. Что они́ отража́ют?

8. Что де́лали по́ловцы и тата́ры?
9. Как были́ны перехо́дят от поколе́ния к поколе́нию?
10. Как называ́ются исполни́тели были́н?
11. Отку́да сказа́тели зна́ют были́ны?
12. Что де́лает молодёжь с были́нами?

Кро́вные ро́дственники

I. *Дикто́вка.*
1. На ми́тинге бы́ло бо́льше трёх ты́сяч челове́к.
2. Молода́я студе́нтка моско́вского институ́та иностра́нных языко́в сиде́ла ря́дом с лётчиком.
3. Они́ ча́сто смотре́ли друг на дру́га и красне́ли.
4. Но они́ не должны́ бы́ли красне́ть, потому́ что они́ бы́ли кро́вные ро́дственники.

II. *Вопро́сы.*
1. Что случи́лось (what happened) с Каза́нским в самолёте?
2. Отку́да мы зна́ем, что он был си́льно ра́нен?
3. Как спасли́ его́ жизнь?
4. Кто показа́л Каза́нскому запи́ску Алекса́ндры?
5. Что ра́неный лётчик прочита́л в э́той запи́ске?
6. Кто написа́л снача́ла Алекса́ндре?
7. Что бы́ло по́сле э́того?
8. Заче́м лётчик прие́хал в Москву́?

III. *Переведи́те.*
1. A young blond woman, with big blue eyes, sat beside a pilot.
2. From time to time they looked at each other and blushed.

[1] How.

3. A year ago the plane in which the pilot was flying caught fire.
4. The pilot jumped out of the plane and fell on the ground.
5. His life was in danger.
6. When the pilot got a furlough, he came to Moscow to thank personally the girl whose blood had saved his life.

Пу́шкин

I. *Дикто́вка.*
1. Пу́шкин дал ру́сской литерату́ре но́вый язы́к и но́вое содержа́ние.
2. Он сде́лал ру́сский язы́к просты́м, поня́тным для всех.
3. В то́ же вре́мя язы́к Пу́шкина бога́т и разнообра́зен.
4. Пу́шкин о́чень пра́вильно нарисова́л мно́го ру́сских ти́пов того́ вре́мени.
5. Уже́ бо́льше ста лет, как Пу́шкин у́мер, но он всё ещё остаётся са́мым вели́ким ру́сским поэ́том.

II. *Вопро́сы.*
1. Как Пу́шкин измени́л ру́сскую литерату́ру?
2. Что вы мо́жете сказа́ть про язы́к Пу́шкина?
3. Кого́ Пу́шкин рисова́л в свои́х произведе́ниях?
4. Что вы зна́ете о ня́не Пу́шкина?
5. Что Пу́шкин брал из ру́сских ска́зок?
6. Каки́е произведе́ния Пу́шкина вы зна́ете?

Лёрмонтов

I. *Вопросы.*
   1. Где родился Лёрмонтов? — Когда?
   2. Кто его воспитал?
   3. Почему не мать?
   4. Когда Лёрмонтов начал писать стихотворения?
   5. Сколько лет было Лёрмонтову, когда он поехал на Кавказ?
   6. С кем он туда поехал?
   7. Почему Лёрмонтова часто называют певцом Кавказа?
   8. Какие литературные произведения Лёрмонтов оставил нам?
   9. Какие произведения Лёрмонтова вы знаете? (в стихах..., в прозе...)
   10. Как умер Лёрмонтов? —Когда?
   11. Сколько ему было лет, когда он умер?

II. *Переведите.*
   1. When he was three, his mother died, and his grandmother took the child and raised him.
   2. Lermontov received a military education.
   3. He began to write poems when he was fourteen.
   4. The beauty of the Caucasus deeply impressed the boy.
   5. Besides verses, Lermontov wrote a remarkable work in prose: the immortal novel *Hero of Our Times*.
   6. In this novel he gives us an excellent type of the young Russian man of that time.

III. *Расскажите биографию Лёрмонтова.*

Крылóв

I. *Прáвильно или непрáвильно?*
 1. Крылóв знаменúтый композúтор.
 2. Крылóв писáл по-францýзски.
 3. Он прáвильно рисýет рýсскую жизнь.
 4. Он взял мнóго сюжéтов для своúх бáсен у Бáйрона.
 5. Эти сюжéты он рассказáл на хорóшем англúйском языкé.
 6. Живóтные бáсен Крылóва изображáют рýсских людéй.

II. *Вопрóсы.*
 1. Кто такóй Крылóв?
 2. Что Пýшкин сказáл про Крылóва?
 3. Почемý он э́то сказáл?
 4. Что Крылóв рисýет в своúх бáснях?
 5. Как он её рисýет?
 6. У когó Крылóв взял мнóго сюжéтов для своúх бáсен?
 7. Когдá Крылóв родúлся?
 8. Когдá он ýмер?

Толстóй

I. *Вопрóсы.*
 1. Где Толстóй родúлся?
 2. Где он был в 1851-м годý?
 3. Что он там дéлал?
 4. Какúе произведéния он там написáл?
 5. Назовúте сáмые извéстные ромáны Толстóго.
 6. Какúе произведéния Толстóго вы читáли?

II. *Переведите.*
  1. When Tolstoy was a young man, he differed in no way from other young aristocrats of his time: he lived happily, without cares.
  2. In eighteen hundred and fifty one *(write out)* Tolstoy went to the Caucasus.
  3. There he became an officer.
  4. There, for the first time, he began to think seriously about people, about life, about religion.
  5. There he wrote his first works, which immediately made him famous.
  6. He took part in the defense of Sebastopol.
  7. The most famous works of Tolstoy are *War and Peace* and *Anna Karenina*.

III. *Расскажите биографию Толстого.*

Тургенев

I. *Диктовка.*
  1. Мать Тургенева была богатая помещица.
  2. Она была злая и жестоко наказывала своих крепостных.
  3. Картины этих наказаний остались на всю жизнь в памяти писателя.
  4. Он рано понял, что крепостничество большое зло, и решил бороться против него.
  5. Его "Записки охотника" нанесли большой удар крепостничеству.
  6. В них Тургенев нарисовал замечательную картину тяжёлой жизни крестьян.
  7. Тургенев написал шесть романов и много других произведений.

8. Тургенев умер в Париже в тысяча восемьсот восемьдесят третьем году.

II. *Вопросы.*
1. Что вы знаете об отце Тургенева?
2. Что вы знаете о характере матери писателя?
3. Как она обращалась (treated) со своими крепостными?
4. Что молодой Тургенев понял?
5. Что он решил?
6. Как называется его первый сборник рассказов?
7. Что автор рисует в этих рассказах?
8. Что ещё Тургенев написал?
9. Что автор рисует в своих романах?
10. Читали-ли вы какие-нибудь произведения Тургенева? —Если да, то какие?
11. Где умер Тургенев?
12. Когда он умер?

Достоевский

I. *Вопросы.*
1. Где Достоевский родился?
2. Когда он родился?
3. Где он учился?
4. Назовите первый роман Достоевского.
5. За что его арестовали?
6. Куда его сослали?
7. Сколько лет он жил в Сибири?
8. Назовите несколько романов Достоевского.
9. Когда Достоевский стал знаменитым?
10. Какие произведения Достоевского вы читали?

II. *Правильно или нет?*
1. Достоевский нигде не учился.

2. Он всю жизнь был чиновником.
3. Достоевский написал много стихотворений.
4. Он никогда не был в Сибири.
5. Он жил всегда в Сибири.
6. "Преступление и наказание" и "Братья Карамазовы"— рассказы.
7. Достоевский великий психолог.
8. Он знаменит только как психолог.
9. Романы Достоевского известны только в России.
10. Романов Достоевского теперь никто не читает.

III. *Расскажите биографию Достоевского.*

Чехов

I. *Диктовка.*
1. Дед и отец Чехова были из крепостных.
2. Но Чехов получил хорошее образование.
3. Он окончил гимназию и московский медицинский факультет.
4. Но он скоро бросил медицину и начал писать.
5. Чехов написал много рассказов и пять знаменитых пьес.
6. Почти все произведения Чехова грустные.
7. Они отражают пессимизм русской интеллигенции того времени.
8. Чехов один из самых известных писателей мира.

II. *Вопросы.*
1. Когда родился Чехов? —Когда он умер?
2. Какой факультет окончил Чехов?
3. Как долго он работал в госпитале?
4. Что он сделал потом?

5. Какими были первые рассказы Чехова?
6. Почему они скоро сделались грустными?
7. Что Чехов написал помимо (besides) рассказов?
8. Что отражают почти все его пьесы?
9. Назовите несколько пьес Чехова.
10. Сколько лет было Чехову, когда он умер?

Короленко

I. *Вопросы.*
 1. Когда родился Короленко?
 2. Когда он умер?
 3. Сколько лет было Короленко, когда умер его отец?
 4. Почему Короленко было трудно учиться в университете?
 5. Что он после рассказывал о своих обедах?
 6. Что случилось с Короленко, когда ему было двадцать шесть лет?
 7. Сколько лет он прожил в Сибири? —Как он их там прожил?
 8. Какие рассказы написал Короленко в Сибири?
 9. Чем замечательны рассказы Короленко?

II. *Переведите.*
 1. Early in life, Korolenko knew want and sorrow.
 2. Korolenko's student days (years) were very hard, as he had to study and work for a living at the same time.
 3. A seventeen-copeck meal was then a great luxury for him.
 4. When he was twenty-six, he was arrested and exiled to Siberia.

    5. Notwithstanding (his) hard life, Korolenko was an optimist.

III. *Расскажи́те биогра́фию Короле́нко.*

Го́рький

I. *Дикто́вка.*
 1. Настоя́щие (real) и́мя и фами́лия Го́рького — Алексе́й Пешко́в.
 2. Больша́я часть жи́зни вели́кого писа́теля была́ о́чень го́рькая.
 3. В де́тстве его́ ча́сто би́ли и пло́хо корми́ли.
 4. По́сле, он броди́л по Росси́и и жил, как мог.
 5. Го́рький написа́л о́чень мно́го расска́зов, рома́нов и не́сколько пьес.

II. *Вопро́сы.*
 1. Когда́ Го́рький потеря́л отца́?
 2. Где он жил?
 3. Како́й челове́к был де́душка Го́рького?
 4. Как он обраща́лся с ма́льчиком?[1]
 5. Почему́ Го́рький люби́л свою́ ба́бушку?
 6. Опиши́те жизнь Го́рького у сапо́жника.
 7. Что Го́рький описа́л в свои́х расска́зах?
 8. Что Го́рький писа́л, кро́ме расска́зов?
 9. Назови́те три произведе́ния Го́рького.

Шо́лохов

I. *Вопро́сы.*
 1. Что Шо́лохов описа́л в свои́х произведе́ниях?
 2. Почему́ он так хорошо́ зна́ет жизнь каза́ков?
 3. О каки́х каза́ках он писа́л?

[1] Обраща́ться ... to treat

4. Как называется собрание¹ его рассказов?
5. Какое самое известное произведение Шолохова?
6. Что автор рисует в этом романе?
7. Один ли роман написал Шолохов?
8. Что он описывает в своём романе "Поднятая целина"?

II. *Правильно или нет:*
1. Шолохов родился в Америке.
2. Он вырос среди американцев.
3. Шолохов написал много рассказов.
4. Он написал пьесу "Тихий Дон".
5. Это произведение ("Тихий Дон") известно за границей.
6. "Тихий Дон" рисует картину жизни казаков теперь.

III. *Переведите.*
1. Sholokhov grew up among the Don Cossacks, whose life he knew well and described beautifully in his works.
2. In 1928 (*write out*) Sholokhov began to write his famous novel *Silent Don*.
3. He worked for many years on this novel.
4. In another novel the author gives a picture of the development of the collective-farm movement among the Don Cossacks.

---
¹ Collection.

Азербайджан (Совфото)

География

I

I. *Диктовка.*
   1. Природа и климат СССР очень разнообразны.
   2. На севере климат очень суровый, а на юге он очень мягкий.
   3. На далёком севере вечная зима, на юге жаркое лето.
   4. Есть также большие контрасты в климате и в других частях страны.
   5. В Сибири тоже не всегда и не везде холодно.
   6. В некоторых местах Сибири лето очень жаркое.

II. *Вопросы.*
   1. Сколько республик входят в состав СССР?[1]
   2. Что сказано в тексте о размерах (size) этой страны?
   3. Что вы знаете о климате и о природе СССР?
   4. Укажите большой контраст в климате на далёком севере и на крайнем юге.
   5. Сколько продолжается зима на далёком севере?
   6. Откуда мы знаем, что на крайнем юге почти всё время лето? (Там зреют..., растут...)
   7. Какая зима и какое лето бывают в восточной Сибири?

II

I. *Вопросы.*
   1. Перечислите[2] океаны и моря, которые омывают берега СССР.
   2. Назовите[3] три реки в Советской Европе и четыре в Советской Азии.
   3. Знаете ли вы какие-нибудь песни о Волге?

---
[1] Of ...... is the U.S.S.R. comprised?
[2] Enumerate.
[3] Name.

4. Назовите два канала в СССР и укажите, что они соединяют.
   5. Расскажите всё, что знаете о лесах СССР.
   6. Назовите горы СССР, которые вы знаете.

III

I. *Диктовка.*
   1. В СССР около двухсот разных народов.
   2. Они говорят на разных языках и исповедуют разные религии.
   3. У каждого народа своя культура и свой язык.
   4. В школах каждой республики обучение ведётся на языке республики.
   5. Некоторые народы СССР сохранили свои национальные костюмы.
   6. Другие национальные костюмы постепенно исчезают.

II. *Правильно или неправильно:*
   1. В СССР одна религия.
   2. Все народы СССР говорят на одном языке.
   3. Украинцы живут на севере.
   4. Каждый гражданин Союзной республики является гражданином СССР.
   5. Во всех школах СССР обучение ведётся на русском языке.
   6. Костюмы народов СССР разнообразны.
   7. Все народы СССР очень похожи один на другой.

Татáрское нашéствие

I. *Вопрóсы.*
1. Что когдá-то в Россúи называ́лось кня́жеством?
2. Почему́ Россúя былá слабá в э́то врéмя?
3. Как татáры относúлись тогдá к Россúи?
4. Когдá онú покорúли Россúю?
5. Что татáры сдéлали с Кúевом?
6. Что такóе "Золотáя Ордá"?
7. Что стáлось (became) с рýсскими князья́ми?
8. Хорошó-ли бы́ло рýсским лю́дям жить при татáрах?
9. Как дóлго татáры остава́лись в Россúи?
10. Как э́тот перúод называ́ется в рýсской истóрии?
11. Когдá рýсские положúли конéц монгóльскому úгу?
12. Как онú э́то сдéлали?

II. *Переведúте.*
1. Russia was once divided into many parts.
2. The strongest enemies of Russia were the Tatars.
3. They constantly attacked Russia, now from the south, now from the east.
4. The Russian princes could not defend the country.
5. The Russian people bravely fought the enemies, but without success.
6. It was hard for the Russian people to live under the Tatars' rule.
7. People who had no money were made prisoners and sold into slavery.

Александр Невский

I. *Диктовка.*
1. Пока русские были заняты борьбой с татарами, на них напали шведы.
2. Они наступали на Новгород и грозили завоевать Новгородское княжество.
3. Но князь Новгорода собрал войска и разбил шведов.
4. Этот князь со своими войсками разбил также немецких рыцарей, которые уже давно пробовали завоевать Россию.
5. Александр Невский—один из величайших героев русской истории.

II. *Вопросы.*
1. С какой стороны шведы напали на Россию?
2. Где князь Александр разбил шведов?
3. Как его за это назвали?
4. В каком месте появились немецкие рыцари?
5. Как они были вооружены?
6. Укажите время и место битвы с немецкими рыцарями.

Пётр Великий

I. *Вопросы.*
1. Объясните, почему Пётр Великий много ездил по Европе; что он делал в Англии; в Голландии.
2. Перечислите[1] главные интересы Петра Великого.
3. Для чего России нужны были порты?

---
[1] Enumerate.

Канáл Вóлга-Дон и́мени В. И. Лéнина

4. Расскажи́те исто́рию Ленингра́да.
   5. Как измени́лась Росси́я, благодаря́ сноше́ниям с за́падной Евро́пой?
   6. Укажи́те,[1] что Пётр Вели́кий сде́лал для распростране́ния образова́ния в Росси́и.

II. *Переведи́те.*
   1. Peter the First, or the Great, was a man of genius, tremendous strength, and iron will.
   2. The construction of ships (shipbuilding) interested him especially.
   3. Russia at that time was a very backward country.
   4. While still a boy Peter created an army of children, and was their general.
   5. Peter wanted to start trade with other lands.
   6. For this ports were needed.
   7. He built on the banks of the Neva the city St. Petersburg, which is now called Leningrad.
   8. Peter also did much for the spreading of education in the land.
   9. He also introduced many reforms.

Наполео́н в Москве́

I. *Дикто́вка.*
   1. Наполео́н со свои́м шта́бом смотре́л на Москву́ с Покло́нной горы́.
   2. Он ду́мал, что градонача́льник Москвы́ принесёт ему́ ключи́ от го́рода.
   3. Когда́ он уви́дел, что ключе́й не несу́т, он приказа́л войска́м войти́ в го́род, а сам за́нял Кремль.

[1] Indicate.

4. Но он споко́йно провёл в Кремле́ то́лько одну́ ночь.
   5. На второ́й день у́тром вся Москва́ горе́ла.
   6. Ско́ро хо́лод и го́лод заста́вили Наполео́на отступи́ть.
II. *Вопро́сы.*
   1. Почему́ Наполео́н ду́мал, что градонача́льник Москвы́ принесёт ему́ ключи́ го́рода?
   2. Что он сде́лал, когда́ ему́ ключе́й не принесли́?
   3. Како́й сюрпри́з ожида́л Наполео́на у́тром?
   4. Что Наполео́н тогда́ сде́лал?
      —Что он приказа́л?
   5. Почему́ его́ солда́ты не могли́ потуши́ть пожа́р?
   6. От чего́ ещё страда́ла а́рмия Наполео́на в Росси́и? (Партиза́ны... Крестья́не... Хо́лод...)

Ле́нин

I. *Вопро́сы.*
   1. Как настоя́щая фами́лия Ле́нина?
   2. Когда́ он роди́лся?
   3. Когда́ он у́мер?
   4. Как Ле́нин око́нчил гимна́зию, и в како́й университе́т он поступи́л?
   5. Почему́ он не око́нчил университе́та?
   6. За что его́ сосла́ли в Сиби́рь?
   7. Оста́лся-ли Ле́нин в Росси́и, когда́ он верну́лся из Сиби́ри?
   8. Как печа́талась газе́та "Искра"? — Почему́?
   9. Куда́ пое́хали ру́сские делега́ты в ты́сяча девятьсо́т тре́тьем году́?

УПРАЖНЕ́НИЯ 173

10. Почему́ Ле́нина и его́ сторо́нников назва́ли большевика́ми?
11. По́сле како́го собы́тия (event) Росси́я ста́ла Сою́зом Сове́тских Социалисти́ческих Респу́блик?
12. Чем стал тогда́ Ле́нин?
13. Како́й па́мятник постро́или ру́сские Ле́нину?
14. Где нахо́дится э́тот па́мятник?

II. *Переведи́те.*
1. Lenin's father was a director of schools in Simbirsk.
2. Lenin did not finish college: he was expelled because he took part in student agitations against the Russian government.
3. Then Lenin went to Samara, where he continued studying.
4. At that time he studied Marxism and took an active part in the revolutionary movement of the land.
5. In 1917, after the Revolution, Russia became the Union of Soviet Socialist Republics, and Lenin became the leader of the Union.

РУ́ССКО-АНГЛИ́ЙСКИЙ СЛОВА́РЬ

А

а but, and; — то or
а́вгуст August
а́втор author
аккура́тно regularly
акти́вный active
америка́нец American
а́нгел angel
англи́йски; по — in English
англича́нин Englishman
апельси́н orange
апре́ль April
ара́бский Arabian
арестова́ть to arrest
аристокра́тия aristocracy
арме́йский army (adj.)
армяни́н Armenian
аэродро́м airport
аэропла́н airplane

Б

ба́бушка grandmother
Ба́йрон Byron
банки́р banker
ба́ночка small jar
ба́рыня madam
ба́рышня miss, girl
барье́р; к —у! we'll fight it out!
ба́сен see ба́сня
ба́сн‌я fable; —опи́сец fabulist
ба́шня tower
ба́юшки баю́ hushaby
бе́гать to run; бегу́т run
бе́гство flight
беднота́ poverty
бе́дн|ый, —я́к poor
бедня́жка poor thing
бежа́ть to run, run away from
без without
безнака́занно with impunity
безу́мный mad, senseless
безуспе́шно unsuccessfully
безуте́шно inconsolably
беле́ть to look white, whiten;
бе́лый white
бе́рег shore
берегла́ (бере́чь) saved
берегу́т (бере́чь) take good care
бережёт (бере́чь) guard
берёт (брать) takes; — её за
та́лию puts his arms around her
беспла́тно free of charge
беспоко́ить to disturb
беспро́волочный wireless
бессме́ртный immortal
бесцеремо́нный unceremonious
бе́шенно madly
библиоте́ка library
би́блия bible
бинт bandage
би́ржа stock exchange
бить to beat
би́ться to fight
благодари́ть to thank
благода́рность gratitude
благодаря́ thanks to
блесте́ть to shine
бли́же nearer, closer
бли́зко nearby
блонди́нка blond woman

блюдо course, dish
Бог God, Lord
богат, —ый rich, wealthy; богатеть to become rich; богатство riches; природные богатства natural resources
богатырь giant
бодро courageously, hopefully
бодрость courage
бодрый courageous, vigorous
боец fighter
Боже Lord; — мой! God Almighty!
божий God's
бой battle; идёт — the battle is on.
бойцу (боец) to the warrior, fighter
бок side; по—ам on the sides
более more
болен, больна sick, ill
больно hurts; тебе не — ? doesn't it hurt you? стало — was hurt
больной sick person, sore
больше more; — не ... no more; — ничего nothing more
большой large, great; самый — the largest
борзый swift
бороться to struggle, fight
борьба struggle
босяк tramp
бочка barrel
боюсь (бояться); я вас — I'm afraid of you
бранный warlike
брань abuse
брат brother
брать to take; — в плен to take prisoner
бродить to wander, stroll

бросать to throw; бросить to give up, refuse; —ся to rush
брошенный thrown
будет (быть) will, will be
будто, как — as if
буду, будете will
будущее future (n.)
будущий future (adj.)
буква letter
булка loaf of white bread
бумага paper
бумажка piece of paper
буря storm
бутылка bottle
бывать, быть to be, occur
бывший former
был was; — бы there would be; — у ... called on ... ; у ... — ... had; были, было were, there were
былой former, bygone
быстрей faster
быстро quickly; — уходит makes a rapid exit
быстрый rapid
бьёт (бить) strikes, beats

В

в in, into, at
вагон car
важный important
вам (вы) you; я — не I am not your ...
вас you
ваш your, yours
вбить to drive in
ввёл introduced
вверх upward
вводить to introduce
вдали in the distance
вденешь you will put
вдова widow
вдоль down
вдохновенный inspired

вдохнови́ть, вдохновля́ть to inspire
вдруг suddenly
ведётся (вести́сь) is conducted
ве́жливость courtesy
везде́ everywhere
век century
веле́ть to order
вели́ tell them ...
велика́н giant
вели́кий great; Pacific
вера faith
ве́рить to believe
верна́ true, faithful
ве́рность loyalty
верну́ть to return, bring back; —ся to come back, return; вернётся will be back; верну́вшись when he returned; верну́лся returned
ве́рный faithful
вероя́тно probably
верста́ verst
вёрсты milepost
верши́на peak, top
веселе́е merrier
ве́село happily, merrily
весёлый merry, jolly, gay
весна́ Spring
весь all, entire
ветве́й (ветвь) branches
ве́тер, —ок wind
ве́тка branch
ве́чер evening, party; по —ам in the evening
ве́чный endless, eternal
ве́ять to blow softly
взгляд look; под —ом before
вздохну́ть (вздыха́ть) to sigh
вздра́гивать to shudder, jerk, start
взойдёт (взойти́) will rise
взро́слый grown up
взро́слым, уже́ — when he grew up
взять to take, consider; взя́тый taken
вид, с —у in appearance
вида́ть, ви́деть to see; ви́ден is seen; ви́дим, ви́дит, ви́дите
ви́дный prominent
ви́лка fork
вино́ wine
винова́т; да ра́зве я —? is it my fault?
висе́ть to hang
"Вишнёвый сад" "Cherry Orchard"
вку́сный tasty
владе́ние domain
вла́жный moist, damp
власть rule, power, authority
влюби́ться to be in love
влюблён in love
вме́сте together; — с тем at the same time
вне́млет (мнимать) listens
вниз downward; —у below
внима́|ние attention; —я listening to
внима́тельно attentively, carefully
внима́я listening to
внук grandson
внутри́ inside
во́все not at all
вода́ water
вое́нный military
вождь leader
во́жжи reins
возвраща́ться to come back, return
возвраще́ние return
во́здух air
возду́шный шар balloon
во́зле near
возьмёт (взять) will take

возьмёшь you will take
возьми́ take
во́ин warrior
война́ war; мирова́я — world war; гражда́нская — civil war
войска́, во́йско army, troops
войти́ to enter
вокру́г around
волна́ wave
волне́ние unrest, agitation, emotion
волни́стый wavy
волше́бный magic, fairy
во́ля will, wishes
вон; убира́йтесь — ! get out!
вооружённый armed
вопро́с question, problem
воробьёв (воробе́й) sparrows
воро́та gate
восемна́дцать eighteen
во́семь eight; —со́т eight hundred
воскли́кнуть to exclaim
воспи́танный well-bred
воспита́ть to bring up
воспомина́ние reminiscence
восто́к east; —чный eastern
восходи́ть to rise
восьмидеся́тых годо́в of the eighties
вот here, here are, there; — как here is how; ну — well, there you are; — он here it is; — так like that; — э́то есть that's . . .
воти́ровать to vote
вошёл (войти́) entered
впада́ть to flow, fall into
вперёд forward, ahead; in advance
впечатле́ние impression
враг enemy
вре́мя time; во́ — during; всё — all the time, continually; в своё — when her time came; в то

же — at the same time; на — for a time; не́которое — some time; — от вре́мени from time to time; того́ вре́мени of that time
всажу́ (всади́ть) I'll put in
все everyone
всё everything, all that, still; — ещё still; за — э́то for all that; — таки yet, still; — э́то all that
всегда́ always
всего́ altogether, only
все́ми with all
всех all; во — in all
вска́кивать, вскочи́ть to jump up
вско́ре soon
вслед after (follow after)
вспомина́ть, вспо́мнить to recall
вспомина́я remembering
вспы́хнуть to flash
встава́ть, встать to get up
встаёт gets up
встрепену́ться to start
встреча́ть, встре́тить to meet, greet, welcome; —ся to be found, meet
вступи́ть come to, mount
всю, вся all, entire
вся́кий every kind
вто́рить to echo
второ́й second
вход entrance; —и́ть to enter
вчера́ yesterday
вы́бежать to run out
вы́веди (вы́вести) show out
вы́веска sign
вы́гнать to chase out
вы́держать to pass (examination)
вы́ехать to ride out
выздора́вливать, вы́здороветь to recover
вы́зов challenge

вы́йду (вы́йти) will go out
вы́лететь to fly out
вы́нести to stand; не выношу́ I can't stand
вы́нужден compelled
вы́пить to drink, have some
вы́прыгнуть to jump out
вы́пьём let us drink
выража́ть, вы́разить to express
выраже́ние expression, form
вы́расти to grow up; —ть to raise
вы́рвать to take out
вы́росших who grew up
высо́к ий tall; —о́ high
высота́ height
вы́стрелить to fire
вы́ступить to offer, present
вы́сший the highest
вы́тянуть to hold out
выходи́ть to go out, leave; — на (windows) to open on
вы́шел (вы́йти) went out

Г

га́вань port
гада́ть to engage in divination
газе́та newspaper
гармо́нь, —шка accordion
гармони́ст accordion player
гвоздь nail
где where; —то somewhere
гениа́льный highly gifted; — ум genius
геро́й hero, principal personage; герои́ня heroine; в —е in the character of the ...
ги́бель ruin, wreck
гильоти́на guillotine
гимнази́ст secondary school student
гимна́зия secondary school
гла́вный main

гла́вным о́бразом mainly
глаз eye; не отрыва́ет — has her eyes fixed; на мои́х —а́х before my very eyes
гла́зки eyes
глас (го́лос) voice
глубина́ depth
глубо́кий deep
глушь wilderness
гляде́ть to look
гнать to drive
гнев rage
гнездо́ nest
говори́тся it is said
говори́ть to talk, speak, say
год year
годово́й annual
голла́ндец Dutchman
Голла́ндия Holland
голова́ head; — боли́т head's aching
го́лод hunger, famine
голо́дный hungry
го́лос voice, vote
голубо́й blue
го́нит (гнать) drives
гора́ mountain
гора́здо much
горди́ться to pride oneself
го́ре misery, grief, sorrow
горе́ть to burn
го́рничная chambermaid
го́рный mountain (adj.)
го́род town, city
горчи́ца mustard
го́рький bitter
горя́чая любо́вь warm affection
горя́чий warm, hot, ardent
горячо́; — люби́ть to love passionately, dearly
го́спиталь hospital
Го́споди Lord; — ! Goodness! Graciousness!

господи́н gentleman, sir, mister
го́сти; в — to see, visit
гости́ная drawing room
гость guest, visitor
госуда́рство state
гото́в ready; —ясь getting ready
гра́бли rake
градонача́льник mayor
граждани́н citizen
гражда́нская война́ civil war
гра́мота reading and writing
грани́тный granite (adj.)
грани́ца border; за —ей, за —у abroad
гра́ция grace
греме́ть to ring
греть to heat; горячо́ гре́ет is very hot
гре́ческий Greek
гроб coffin; до —а until death
гроза́ storm
грози́ть to threaten
грозово́й stormy
гро́мко loud
гру́бо rudely
гру́бый rude, coarse
грудь chest, bosom
грузи́н Georgian; Гру́зия Georgia
гру́стно sadly; ...у —; ... is sad
гру́ша pear, pear tree
гря́зный dirty
губа́ lip
губи́ть to destroy
гуля́ть to take a walk, to tread; мы мно́го гуля́ли we have had a long walk
густо́й thick
гусь goose; гу́си geese

Д

да yes; да-с yes, sir!
дава́ть, дать to give; дади́те you'll give; даёт gives; дай, —те give, get; дам I shall give; даст will give; дать сло́во to vow; —уро́к to teach a lesson; даю́т they give
давно́ long ago; — уже́ for a long time
да́же even
далеко́ far away
да́льний far off, distant
да́льше farther; всё—и—farther and farther
да́ма lady
дана́ (дать) is given, will last
Да́ния Denmark
дань tribute
два, две two
двадцати́ пяти́ of twenty-five
два́дцать twenty
два́дцать-шесть twenty-six
двена́дцать twelve
дверь door
две́сти two hundred
дви́гаться, дви́нуться to move
движе́ние movement, traffic
двор yard, court
дворца́ (дворе́ц) castle
дворяни́н nobleman
двухсо́т (две́сти) two hundred
де́вичья maiden (adj.)
де́вочка little girl
де́вушка girl
девятна́дцатый nineteenth
девятна́дцать nineteen
де́вять nine
дед, —ушка grandfather
де́йствие act
де́йствующие ли́ца characters of play
дека́брь December
дел (де́ло) acts, deeds
де́лать to do; что — ? what is to be done? что́ же — well, what can I do? What is to be

done? что́ же мне́ — ? What can I do?
деликáтен, деликáтный gentle
дели́ться to be divided
де́ло thing, deed, matter; э́то моё — it's my affair; по де́лу on business
де́нег (де́ньги) money
день day; це́лый — all day
дере́вня village, country
де́рево tree, wood
дере́вья trees
деревя́нный wooden
держа́ть to hold, keep, take (exam); — себя́ to behave
деся́тый tenth
де́сять ten
де́ти, дете́й (дитя́) children
де́тский childish
де́тство childhood
деше́вле (дёшево) cheaper
ди́кий wild
дикто́вка dictation
дитя́ child
длина́ length
дли́нный long
для for; — чего́ why; — того́ чтобы to, in order to
дней (день) days
дно bottom; "На дне" "at the bottom" "Night's Lodging"
дня (день), со — since
днях days
до until, before
добежа́ть to run up
доброта́ kindness; до́брый kind, good
дово́льно that's enough; — ! I've had enough
догада́ться to guess, think
дое́хать to arrive
дождь rain; пошёл — rain began to fall; шёл — it was raining

докажу́ (доказа́ть) I shall show
долг debt, duty
до́лгий (до́лго) long
долгове́чный long lasting
до́лжен must; — бу́ду will have to; был мне — owed me; я — I've got to; — был was to
должна́ must (f.)
должни́к debtor
должно́ быть must have
должны́ must, need
доли́на valley
дом house, home; до́ма, — нет isn't at home; — никого́ нет there's nobody at home
до́мик little house
домо́й home
донско́й of the Don (river)
доро́га road; по —е along the road; желе́зная — railway
до́рого expensive
доса́да; кака́я — ! that is too bad
доска́ board
доста́точно enough
доста́ть to get
досто́инство dignity, respect
дохо́д income
доходи́ть to reach
до́чери (дочь) daughters
драгоце́нный precious
драли́сь (дра́ться) fought
дре́вн|ий ancient; —ость (f.) antiquity
дре́млет (дрема́ть) is dozing
дремли́ slumber
дрожа́ть to tremble, shake
друг friend; — на —а at each other
друго́й other, another; на — день on the next day
другу́ю another
дру́жба friendship
дру́жная рабо́та energetic work

дру́жно in harmony
друзья́ friends
ду́ет (дуть) blows
ду́ма a thought
ду́мать to think
дура́к fool
ду́рно! I'm ill; мне — де́лается I feel sick
душа́ soul, person
дуэ́ль duel; стреля́ться на дуэ́ли to fight a duel
дыша́ть to breathe
дя́дя uncle

Е

Евро́па Europe
европе́йский European
его́ his
е́дем (е́хать) we ride
е́дет, е́дут rides, ride
еди́нственный only, sole
едя́т (есть) eat
е́здить to travel, ride; никуда́ не е́здите you don't go anywhere
её her, it, of it
ел (есть) ate
ему́ to him; — ста́ло ску́чно he became bored
е́сли if, since, just because; — бы if
есте́ственный natural
есть there is (are)
есть to eat; на́до — you should eat; хоте́л — was hungry; хо́чет — is hungry; хочу́ — I am hungry
е́хать to travel, drive
ещё still, yet, also а — хотя́т (see хотя́т)

Ж

жа́лкий pitiful
жа́ловаться to complain
жаль a pity; ему́ ста́ло — he became sorry; мне — I feel sorry
жара́ heat
жа́реный fried, roasted
жа́ркий warm, hot (weather)
ждать to wait; ждёт waits; ждёшь wait; жду, жди́те wait
жела́ние desire, wish
жела́ть to wish
желе́зный of iron
же́нщина woman
же́ртва victim
жесто́к cruel; — ость cruelty
жив, —а́ live, alive; живём (жить) we live; живёт, живу́т
живо́й lively
живо́тное animal
живу́щим living
жи́вы alive
жизнь life; всю — forever
жи́тель citizen, inhabitant; жить to live; житьё life, existence

З

за after, at, behind, for, out, to; — что́ what for
забира́ть в плен to take prisoner
забо́та; без забо́т carefree
забу́дет (забы́ть) will forget; забу́дь, не — же don't forget; им не забы́ть — they can't forget
заведе́ние; уче́бное — educational institution; вы́сшее — — institution of higher learning
заво́д factory
заводи́ть start (to sing)
завоева́ть to conquer
за́втра tomorrow
завяза́ться to begin
загля/ну́ть, —де́ться to look (into)
загна́ть to drive in (to, on)
заговори́ть to begin to talk

загоре́ться to catch fire
загото́вить to prepare
за грани́цу abroad
зада́ть to assign
зада́ча problem
заду́маться глубоко́ to plunge into deep reverie
задыха́ться to choke
зажёг (заже́чь) lit
зака́т sunset
закива́ть to nod
заключе́ние imprisonment
заключённый prisoner
закрыва́ть to close
зал hall
зали́в bay
замени́ть to replace, commute
за́мерло fell still
заме́тить to comment, notice
замеча́тельный remarkable
замо́к lock; заперла́ себя́ на — locked myself up
замора́живать to freeze
за́муж; вы́дать—to marry off
за́навес curtain
занима́ть to occupy
занима́ться to give attention
за́нят busy; был — was preoccupied, interested
за́пад west
за́пер, —ла́, —ли́ (запере́ть) locked (in); — себя́ на замо́к
запи́ска note; "Запи́ски охо́тника" "The Hunter's Notebook"
запла́кать to cry
заплати́ть to pay
заплачу́ I shall pay
запря́чь to harness
запо́мнить to remember
зараба́тывать to earn; — на жизнь to make a living
засверка́ть to shine

заслу́га merit
засмея́ться to laugh
засну́ть to fall asleep
заста́вить to force, compel
застига́ть to overtake
зате́м then
захва́тывает includes
захоти́те (захоте́ть) you'll want
заче́м? why should I? Why?
защи́|та defense; —ща́ть to defend
защищённый (защища́ть) protected
звёзды (звезда́) stars
звон sound of a bell; вече́рний — evening bells
звони́ть to ring
звук sound
зда́ние building
здесь here
здоро́ва unharmed
здоро́вый healthy
здоро́вье health; отрази́ться на его́ здоро́вьи to affect his health
зева́ть to yawn
зелёный green
земля́ earth
зерно́ grain
зима́ winter
зи́мний winter (adj.)
зимо́й in winter
зла́; как я — how angry I am
зло evil
злой bad, vicious; — смех bitter laugh
злость anger; — прошла́ I'm not angry any more; от —и in a temper
знак signal, sign
знамени́тый noted, famous
зна́мя flag
зна́йте I must warn you

знать to know; да́ли — notified
зна́чит it means
значи́тельный significant
зна́чить to mean, signify
зна́ю I know
зно́йный torrid
зол angry
зо́лото gold
зреть to ripen
зуб tooth

И

и́ва willow
и́го yoke
игра́ acting; —ть to play
идёт (итти́) goes, moves; иди́ go;
—те за мно́й come with me;
иду́ I go; иду́т they go
из, —о of, for the, out of, from
изба́виться to get rid
изве́стен is known
изве́стие notice, news
изве́стный well known; са́мый —
the most famous
извини́те you must excuse me
издава́ть to publish
издава́ться to be published
из-за́ from, from behind, on account of
измени́ться to change
изму́читься to be tired out
из них of them
изобража́ть to portray
изобрели́ invented
из-под from under
изуча́ть, изучи́ть to learn, to explore
и́ли or, or else
и́мени (имя) name; по — named
име́ние estate
име́ть to have
и́мя name
инжене́р engineer

иногда́ occasionally
иностра́нец foreigner
иностра́нный foreign
интеллиге́нтный cultured, intellectual
интеллиге́нция cultured class
интере́с interest; —ный interesting
интересова́ть to interest
интернациона́льный international
иска́ть to search, look for
исключе́ние; за —м with the exception
исключи́ть to expel
и́скра spark
и́скренний sincere
иску́сственный artificial
испове́дывать to profess
исполня́ть to fulfill, execute
испо́ртить to spoil, ruin
испра́виться to reform
испуга́ться to get frightened
истори́ческий historic
исто́рия history, story; така́я —
it's like this
исчеза́ть, исче́знуть to disappear
исче́зли disappeared
и так да́лее and so on
Ита́лия Italy
и́щет seeks
ию́ль July

К

Кавка́з Caucasus; —ский of the Caucasus
ка́ждый every, each
ка́жется seems
каза́к Cossack
каза́ться to seem
каза́чий Cossack (adj.)
казни́ть to execute
казнь execution; сме́ртная —capital punishment

как how, as, like, that, since; —**будто** as if; —**нибудь** somehow; — **раз** exactly; — ... **так и** ... as well as
какая, какой what a, such as; —**нибудь** some; —**то** some, a
какие what kind
камень stone
каникулы vacation
капитан captain; "Капитанская дочка" "The Captain's Daughter"
карий brown (eyes)
карман pocket
картина picture
картофель potato
карточка; фотографическая — photograph
качать to rock
каша porridge
кинематограф movie theatre
кинуть to leave
кладёт (класть) puts
ключ key
книга book
княжество principality
князь prince
ковёр rug
когда when; —**нибудь?** ever? —**то** at one time, once
колени knees (see **становиться на —**)
количество quantity, number
коллега colleague
колокольчик small bell
колонна column
колос ear, head of grain
колхоз collective farm
колыбель cradle; **-ная песня** lullaby
кольцо ring
комната room
композитор composer

конец end; **в конце** in the end
конечно certainly
кони (конь) steeds, horses
кончен, -а at an end
кончить to finish
копать to dig
копейка, копеек copeck (small copper coin)
кораблестроение shipbuilding
корабль ship
корзина basket
кормить to feed, support
короткий, коротенький short
котлета cutlet
который who, which; **за которым** at which
кочевать to wander
кошелёк purse
край land, country, edge
крайний extreme
краса, красавица beauty
красивый pretty, beautiful
краснеть to blush
красный red
красота beauty
красоты природы natural beauties
краткий short
края; дальние — distant parts
Кремль Kremlin
крепко powerfully; — **спать** to sleep soundly
крепостничество serfdom
крепостной serf
кресло armchair
крестьянин peasant
кривой crooked
крик shout; —**нуть** to shout
критический critical
кричать to shout
кровавый bloody
кровные родственники blood relations

кровь blood
кроме besides
кроткий kind
круг circle, scope
кругом around, all around
крупный great
крутой steep
крыло wing; —ья (pl.)
Крым Crimea; —ский Crimean
кто who; — бы ты ни был no matter who you are; —-нибудь some one; —-то some one; — это? who is that?
к тому же moreover
куда where, where to
кукла doll
культура culture
купец merchant
купить to buy
купленный purchased
курить to smoke
курок; поднимаете — you cock the trigger
кусочек little piece
кухня kitchen
кучер coachman

Л

лавка store
лагерь camp
ладонь palm of hand
лазурь azure
лакей footman
левый left
лёг (лечь) lay down
легко easy
лёд ice
Ледовитый океан Arctic Ocean
ледяные icy; —ая гора iceberg
лежать to lie, be situated
лежит there is; — в могиле is in his grave
лейтенант lieutenant
лес forest; —ной (adj.)
лет years; ... десять — is ten years old; много — many years; много — тому назад many years ago; пройдёт — десять in ten years' time; когда ему было пятнадцать — when he was fifteen; лета years
лететь to fly
лети see лететь
лето summer; —м in summer
лётчик, лётчица flyer, pilot
лечить to treat, cure
лимон lemon
лирический lyric
лист sheet, leaf; листья leaves
лиственный leafy, foliage
лицемерный hypocritical
лицо face; действующие лица characters
лиш|ение privation; —ить to deprive
лишить to deprive
лишь бы just to, so long as
лоб forehead; медный — thick head
логика logic, way to reason
лодка boat; подводная—submarine
ложка spoon
ложь falsehood
лошадь horse
луна moon
луч ray; —истый radiant
лучше better; тем — all the better
лучший better, best; самый — the best
льдина ice flow
льдов, льду (лёд) ice
льёт (лить) streams, pours
любовь, любви, любовный love;
любить to love, like, be fond of; люблю I love, like; любят

they love
любознательность love of knowledge
люди people

М

мавзолей mausoleum
май May; —ский May (adj.)
маленький little, small
мало little
мальчик, мальчишка small boy
мама mother
манить to beckon, lure
март March
маслина olive
матерей (мать) mothers'
матушка! mother, dear Madam!
махнёшь (махнуть) you'll wave
мачта mast
машина airplane
мгла mist, haze
медведь bear
медицинский факультет school of medicine
медленно slowly
медный copper; — лоб thick head
между between; — собой among themselves
мельница mill
менее less
меня; у — есть I have
место place
месяц month; с — for about a month; за несколько —ев a few months before
метелица, метель snowstorm
метёт (мести) blows, sweeps
метрополитен subway, underground railway
мечтать to dream
мешать to interfere, keep from
миленький sweetheart
милость kindness, favor; сделай — do me a favor
милый beloved, dear
миля mile
мимо by
министр (cabinet) minister
мир peace, world
митинг meeting
миф myth
младенец baby
младой young
мне to me, me
многие many
много many, much; как — how much; так — so much
мной, мною, me; со — with me
мог, могла, могли, могу, могут (мочь) can, could; как мог as he could
могила grave; до самой —ы to the end of my days; лежит в могиле to lie in the grave, to be dead
может (мочь) can, may; — быть perhaps, there may be
можно it is possible
мой, моя, моё, моего my, mine
молиться to pray
молния lightning
молодец; добрый — fine young man; молодёжь youth
молодой young
молча in silence; молчать! shut up!
молюсь (молиться) pray
моляся praying
монастырь convent
море sea
морозный frosty
морской naval, of the sea
морщина wrinkle, furrow
Москва Moscow
Московский Художественный театр Moscow Art Theater

мо́ют (мы́ться) are being washed
мра́мор marble
муж husband
мужи́к boor, moujik, peasant
музе́й museum
му́зыка music
музыка́льный musical
мураве́й ant
му́чить to torment
мчись (мча́ться) hurry along
мы we
мысль thought, idea
мя́гкий mild, soft
мяте́жный restless, rebellious

Н

на on, at, for, in
наве́к forever
наводи́ть to bring
наводни́ть to overrun
навстре́чу towards
над above, on
нада́вливать to press
надвига́ться to come upon
надева́ть, наде́ть to put on
наде́жда hope
наде́жный sure, secure
наде́юсь (наде́яться) I hope
на́до necessary, one should;
надо́лго for a long time
наза́втра on the following day
наза́д back; тому́ — ago
назва́ние name, title; назва́ть, называ́ть to call, name
назна́чить to grant
называ́ется (называ́ться) is called
наизу́сть by heart
найдётся will be found
найти́ to find
наказа́ние punishment
наконе́ц finally, at last
нам us, to us

нанесло́ (нанести́) inflicted
напада́ть, напа́сть to attack
напеча́тать to publish
напи́санный written
напиши́те write
наполня́ться to fill
напра́сно in vain
наприме́р for instance; так—thus
напу́дриться to powder one's face
нарисова́ть to depict, paint, describe
наро́д people
наро́дный national, people's
наряду́ side by side
нас us
населе́ние population
наскочи́ть to strike
насле́дство inheritance
насмотре́ться to look at
настоя́щий real
настрое́ние; у меня́ — I'm in a state of mind
наступа́ть, наступи́ть to advance, approach, arrive
натя́гивать to pull
нау́ка science, knowledge
научи́ть to teach
нау́чный scientific
нахо́дится there is
находи́ть to find, think
находи́ться to be
национа́льность nationality
начала́сь began
нача́льник director, head
нача́ть, начина́ть to start, to begin
нача́ться, начина́ться to begin
начина́ются begin
наш our
нашёл, нашла́, нашли́ (найти́) found
наше́ствие invasion
неблагода́рный ungrateful

нéбо, небесá sky, heaven; **нéбу; по —** in the sky
небольшóй small
невéжа ill-mannered person, boor
невéрен unfaithful
невкýсный tasteless
невозмóжно impossible
невоспитанный ill-bred
невыносимый frightful
негó it; **у —** he has
недáвно not long ago
недалёкий near
недéля week; **чéрез —ю** in a week
недóлго not long
нéжный tender
незадóлго shortly before
нéзачем; да и — one does not have to
нéкоторые some, several
нельзя́ one must not
нелюбимый unloved
нём; в — in it
нéмец, немéцкий German; **по-немéцки** in German
немнóго, немнóжко a little
немý; к — to him
ненавижу (ненавидеть) I hate
непогóда bad weather
неподвижно motionless
непохóжий unsimilar
непрáвда! that's not true
непрáвильно incorrectly
нерéдко not infrequently
нерешительно hesitatingly
нёс, неслá carried
несёт carries
несётся (нестись) to rush along
нéсколько a few, several
несмотря́ на in spite of
несоглáсен do not agree
несправедлив unjust, unfair
нестáрый middle-aged

нести to carry
несчáстный unfortunate man
несчáстье misfortune
нет; у меня́ — I haven't
неудóбно inconvenient
нехватáть to lack, be short of
нехорошó it isn't right, badly
нéчто something
ни no; **— одногó** not one; **ни ... ни** neither ... nor
нива field
нигдé nowhere
никáк by no means
никогдá never; **— бóльше** never again
никогó nobody
никомý to no one
никтó no one
ним; за — after him; **них; в —** in them; **из —** of them
ничегó nothing; it doesn't matter; **у тебя́ — нет** you have nothing
ничéм не отличáлся was in no way different from
нищий beggar
но but; **— и** but also
нóвый new
ногá leg, foot; **из под нóг** from under their feet
носить to wear
ночевáть to spend the night
ночнóй night (adj.)
ночь night; **по ночáм** at night; **спокóйной нóчи** good night; **нóчью** at night
нрáвиться to please, like; **я емý нрáвлюсь** he likes me; **онá мне нрáвится** I like her
ну well; **— вóт!** there you are! **— так что же?** what about it?
нуждá want, need, poverty
нýжен needed; **он им не —** they don't need him

ну́жно needed, necessary; **да мне то —** must I; **не —** very well!; **о́чень мне — бы́ло . . . !** what do I want . . . for; **что им от меня́ —?** what do they want of me?
нужны́ are needed; **мне —** I need
ня́ня nurse

О

о́ба both
обе́д dinner; **за —ом** at dinner
оберну́ться to turn around
обеща́ть to promise
облада́ть to be endowed
облегчи́ть to lighten
облета́ет is falling
обману́ть to fool, deceive
обра́доваться to be overjoyed
о́браз, образо́к image, icon; **гла́вным —ом** mainly; **таки́м —ом** in this way, manner
образова́ние education
обрати́ть to turn; **—ся** to address, say
обра́тно back
обря́довый ritual
обтека́емый streamlined
обуче́ние instruction
обще́ственный public
о́бщество society
о́бщий common, mutual, general
объедини́ться to unite
объекти́вный objective
объяви́ть, объявля́ть to give notice, announce, inform
объясня́ется (объясня́ться) is explained
объя́тие embrace
обыкнове́нный ordinary
овса́ (овёс) oats
огля́дывает себя́ inspects himself
ого́нь fire, flame

огоро́д vegetable garden
огро́мный huge, immense
оди́н, одна́, одно́, одни́ one, alone; **оди́н за други́м** one after the other
одина́ковый identical
одино́ко lonely
одино́чество loneliness
одна́жды once, one day
одна́ко but, however
одновре́менно simultaneously
однозву́чный monotonous
одолжи́ть to lend, loan
ожида́ть to wait for
озаря́ть to illuminate
о́зеро lake
ой oh!
океа́н ocean
окно́, око́шко window
о́коло near, about
оконча́ние end, fulfillment
око́нчить to end, to graduate from
окружа́ть to surround
омыва́ть to wash
Оне́жское о́зеро Lake Onega
опа́сность danger
опа́сный dangerous
о́перный operatic
описа́ние description
опи́шут име́ние they'll distrain my estate
опра́виться to recover
опуска́ть, опусти́ть to drop, lower, hang
о́пыт experience
опя́ть again
орда́ horde
о́рден medal
оригина́льный original
орла́ (орёл) eagle
оса́да siege
осажда́ть to besiege
освобожде́ние liberation

осёл ass
осень autumn, fall; —ний (adj.)
оскорбля́ть to insult
осма́тривать to examine
основа́ть to found, build
осо́бенно especially
оста́вить, оставля́ть to leave; — в поко́е to leave alone; оста́вив having left
остально́е rest, remainder; всё — everything else
остана́вливаться, останови́ться to stop
останови́ть to stop, close
оста́тки remains
оста́ться, остава́ться to remain, to stay; остаётся remains; оста́лись remained; оста́нусь I shall stay; остаю́сь I'm staying
от from
отвести́ to lead away from
отве́т answer
отве́тить, отвеча́ть to reply
отвы́кнуть to grow unaccustomed
отвяза́ть to untie
отда́ть в уче́ние to apprentice
отда́шь (отда́ть) you will give
отде́лать to finish
отделя́ть to separate
отдохну́ть to rest
о́тдых rest
оте́ль hotel
оте́ц, отца́, отцо́м father
отка́зываться, отказа́ться to refuse
открыва́ть, откры́ть to open
откры́тый open (adj.); — теа́тр open-air theater
отлича́ться to be remarkable for, to differ
отли́чный fine, excellent
относи́ться to belong, treat

отойди́те (отойти́) get away
оторва́ть to tear off
отпра́вить, отправля́ть to send
отпра́виться, отправля́ться to start, leave, sail, set off
о́тпуск furlough
отража́ют (отража́ть) to portray, reflect
отрази́лись (отрази́ться) на его́ здоро́вьи affected his health
отре́зана (отре́зать) cut off
отруби́ть to chop off
отрыва́ть; не отрыва́ет глаз has her eyes fixed
отры́вок passage
отставно́й retired
отста́лый backward
отста́ть to lag behind
отступи́ть to retreat
отсю́да from here
отта́ивать, оття́ть to thaw
оттого́ что because
отту́да from there
отходи́ть to go away from, to sail
отца́, отцо́м father
отча́иваться to despair
отчего́ why
отчи́зна fatherland
о́тчий paternal
отыска́ть to find
охо́та hunting
о́чень very, very much
о́чередь; в свою́ — in his turn
о́чи (о́ко) eyes
очи́стить to purify
оши́бка mistake

П

па́дать to fall
пала́ч executioner
па́лец finger; па́льцем, вот э́тим — with this finger

па́лка stick
пальто́ overcoat
па́мятник monument
па́мять memory
панора́ма panorama, picture
па́па, па́почка papa
парашюти́стка woman parachute jumper
пари́ wager, bet; держу́ — I wager
парово́з locomotive, engine
парохо́д steamship
па́рочка pair
па́рус sail
па́уза pause
пау́к spider
пацие́нт patient
певе́ц singer, poet
пе́нсия pension
пе́рвая, пе́рвый first
переводи́ть to translate
пе́ред in front of, before
переда́ть to pass, announce, convey
переде́лать to recast
пере́дняя hall
пережи́ть to live through
перелива́ние кро́ви blood transfusion
переня́ть to take over
перепи́ска correspondence
пересека́ть to cross
переста́нет (переста́ть) will cease, stop
переходи́ть to pass
перо́ pen
пе́сен (пе́сня) songs
пе́сенка song (dim.)
пе́сня; колыбе́льная — lullaby
пёстрый bright, variegated
пету́х rooster
петь to sing
печа́ль sorrow
печа́льный melancholy, sad

печа́таться to be printed
пешко́м on foot
Пи́ковая да́ма Queen of Spades
писа́тель writer, author
писа́ть to write
пи́сем (письмо́) letters
письмо́ letter
пить to drink; хочу́ — I'm thirsty
пи́ща food
пла́вание sea voyage
пла́кать to weep
плаку́чий weeping
пла́та wages
плати́ть to pay
плато́к handkerchief
пла́тье dress
пла́чет (пла́кать) cries; пла́чете, пла́чут are crying; плачь cry
плен; брать в плен to take prisoner
плод fruit
пло́тник carpenter
пло́хо poorly
плохо́й bad
пло́щадь square
плыву́ swim
плыть to float, swim
по; — ва́шему according to you; —францу́зски in French; — ру́сски in Russian; — своему́ in his way
побе́д|а victory; —и́тель victor
поби́ть to beat up
поблагодари́ть to thank
побледне́ть to grow pale
поведёт (повести́) shall lead
пове́жливее more politely
пове́рить to believe
поверну́ться to turn around
пове́сить to hang
повлия́ть to influence
пово́зка cart
пога́сла (пога́снуть) was extin-

guished
погибнуть to perish
погибших perished, lost
погода weather; хорошая — lovely weather
погодите just you wait!
пограничье frontier, border
погребла (погрести) I have shut myself in forever
погулять to take a walk
под under
подавать, подать to serve; — руку to hold out one's hand, shake hands
подаёт gives
подбегать, подбежать run to
подвиг great heroic deed
поддерживать to support
поддержка support; материальная — financial help
подземный underground
подлый vile
подниматься, подняться to climb, rise, stand up
"Поднятая целина" "Upturned Soil"
поднять to lift, raise
подобного; ничего — no one like her
подождать to wait
подойдите близко come near
подошёл (подойти) went up to, approached
подражание imitation
подру/га, —жка friend (fem.)
подрывать to undermine
подсмотреть to observe
подстрелить to wound by a shot
подстрелю её I'll bring her down
подумать to think; подумает he'll think.
подуть to blow
подходить to come near, approach
поедешь (поехать) will go
поезд train
поездка trip
поёт (петь) sings
поехал (поехать) left
пожалеть to have pity
пожар conflagration
пожарный fireman
пожимать плечами to shrug one's shoulders
пожить to have a good time
поза pose, posture
позволить, to allow; п не позволю I shan't let you
поздно, поздний late
поздравлять, поздравить to congratulate
позже later
познакомить to meet, acquaint
пойдёмте (пойти) let's go; пойду I shall go
поищу (поискать) I'll find
пока until, while, meanwhile
покажите (показать) show
показывать to show
покататься to take a cruise
покинуть to leave
покой peace; оставить в покое to leave in peace
покойный the late
поколение generation
покорить to subdue, conquer
покраснеть to blush
покупать to buy
пол floor
поле field; по полю through the field
полёт flight
полететь to take off, fly away
полиглот polyglot (one who knows several languages)

полити́ческий political
полк regiment
полково́дец captain
по́лный full of
полови́на half
по́ловцы people of Turkic origin
положе́ние position
положи́тельно absolutely
положи́ть to put
полоса́тый striped
полу́ночь midnight
полуо́стров peninsula
полу́чите you'll have
получи́ть to get, receive; получи́лся was received; получи́л вое́нное образова́ние received a military education
полюби́ть to learn to love
по́льзоваться to take advantage
поля́ (по́ле) fields
поля́ны meadows
поме́щик, поме́щица landowner
поми́луй (поми́ловать) have mercy
поми́мо beside
по́мнить to remember
помога́ть, помо́чь to help, aid; помо́гут will help
помо́щник helper
по́мощь aid, help; при по́мощи by means of
поникну́вший drooping
понима́ть, поня́ть to understand
понима́ю; вот э́то я — that's the sort I can understand
поня́тный intelligible
пообе́дать to have eaten (dinner)
попада́ться to come, run
попа́сть to get
попла́кал wept
поплы́ло (плыть) began to swim, move
попро́бовать to try

попроси́ть to ask
пор; с тех — как since
пора́ it is time
по́рох gunpowder
пору́чик lieutenant
посади́ть to put
посвяти́ть to dedicate
посе́ем (посе́ять) we'll sow
посла́ть to send
по́сле after, later; — э́того after this
после́дний last
послеза́втра day after tomorrow
послу́шайте listen
послу́шаться to obey
посмотре́ть to look; посмо́трит will look
посмотрю́; не — на то́, что I don't care if
посо́бие manual
поспева́ть to be in time, to ripen
поста́вить to place
посте́ль bed
постепе́нно gradually
постои́те stop
постоя́нный constant, permanent
постро́йка building
постро́ить to construct, build
поступи́ть to enter, act
посту́пок action, deed
постуча́ть to knock
посчита́ть to count
посыла́ть to send
потанцу́й (танцова́ть) dance
потекли́ (течь) began to run
потёмки darkness
потеря́ть to lose; потеря́ю I will lose
потоло́к ceiling
пото́м then, later
потому́ therefore; —-то that's why; — что because
потону́ть to drown

потуши́ть to extinguish
похо́д expedition, campaign
похо́ж resembles
поцелова́ть to kiss
поцелу́й kiss
по́чва soil
почему́? why?
почти́ practically, almost
почто́вый я́щик mail box
пошёл (пойти́) went; —! get out!; пошли́ бы you ought to go
по́шлость vulgarity
поэ́зия poetry
поэти́чно poetic
поэ́тому on this account
пою́щих (петь) singing
появи́ться to appear
пра́вда true; truth
пра́вильно correctly
прави́тельство government
пра́вить to drive
пра́во right; име́ть — have the right
пра́вый right
пра́здник holiday
предви́деть to foresee
пре́дки ancestors
предлага́ть to offer
предрассу́док prejudice
предста́вить|ся to introduce oneself; to imagine
представля́ть to represent
пре́жде first; — чем prior to, before
прекра́сный excellent, beautiful
прерыва́ть interrupt
престо́л throne; вступи́ть на — to mount the throne
преступле́ние crime
престу́пник criminal
при at, with; — жи́зни when he was living
приба́вить to add

прибега́ть to run up to
прибли́зить to draw nearer
привезённый brought
привёл (привести́) brought
приве́т greeting, regards
привле́чь to attract
приводи́ть to bring
привози́ть, привезти́ to bring
привяза́ть to tie, attach
пригото́виться to prepare oneself
придёт (притти́) will come
приезжа́й come; приезжа́ть, прие́хать to come
прие́зжий visitor
признайся (призна́ться) confess
призыва́ть, призва́ть to call in
приказа́ть to order
прикры́ть to cover
прилете́ть to arrive, come
принадлежа́ть to belong
принёс, принесли́ (принести́) brought; принесу́ I'll bring
принима́ть, приня́ть to accept, receive, see; — уча́стие в to take part in; при́нят accepted
приноси́ть to bring
при́нцип principle
приро́да nature
приро́дные бога́тства natural resources
присла́ть to send
приста́вить to place
присуди́ть to sentence
притвори́лась pretended
притти́, приходи́ть to come
причёсан; не — unkempt
причи́на cause
причини́ть to cause
пришёл, пришла́ (притти́) came
пришлёт (присла́ть) will send
прия́тно pleasant
про about

пробира́ться to make one's way, move slowly
про́бовать to try
пробужде́ние awakening
пробы́ть to remain
провёл (провести́) spent
прови́нция province
провожа́ть to accompany
про́волока wire
    проводи́ть —у to wire
прогу́лка ride
продава́ть, прода́ть to sell
продолжа́ть to continue; —ся to last; продолжи́тельный prolonged
прое́дет (прое́хать); — ми́мо will go past
пройдёт (пройти́) will pass; — де́сять лет in ten years' time
произведе́ние work
произвели́ (произвести́) made
происходи́ть to happen, occur
происхожде́ние; по происхожде́нию by birth
пройти́ to go through
пролета́ть to fly over
проли́в straits
пролива́ть to spill
проломи́ть to break through; —ся break
пролью́ (проли́ть) I'll shed
променя́ть to exchange
пронесётся (пронести́сь) will pass
проси́ ask; проси́ть to ask for; про́сят (проси́ть) ask; вас — к телефо́ну you are wanted on the telephone
просижу́ I'll stay
прости́те excuse me
прости́ть to let go
про́сто simply
просто́й simple
просто́рный spacious

прости́сь (прости́ться) saying farewell
про́тив against, opposite
протя́гивать, протяну́ть to stretch out
протяже́ние expanse, extent
прохла́да coolness, freshness
проходи́ть to pass, go through
прохо́жий (проходи́ть) passer-by
проце́нты interest
прочёл read
прочита́ть to read
прочь! away! take away!
прошёл, прошло́ (пройти́) passed
про́шлый past
прошу́ (проси́ть) I ask, I must ask you
проща́йте good-bye
проща́ть, прости́ть to forgive; прощу́ I shall forgive
пры́гать, пры́гнуть to jump
пря́мо straight; — в ко́мнату идёт pushes himself right in
пря́тать hide; пря́чет hides
психо́лог psychologist
психоло́гия psychology
пти́ца bird
пти́чка little bird
пу́ля bullet
пусто́й empty
пусты́ня desert
пусть let
путеше́ствие voyage
путь road, journey
пыли́ть raise dust
пыль dust; весь в пыли́ dust all over
пье́са play
пья́ный drunken
пятна́дцать fifteen
пя́тый fifth
пять five
пятьдеся́т fifty

Р

работа work; —ть to work
работающих (работать) working
рабочий worker
рабство slavery
равнина plain
равноправие; — так — ! if you want equality of rights you can have it
рад happy; так — so happy
радостно; мне — I am happy
радость joy
раз time, times; ещё — once more, again; на этот — this time
разбить to defeat
разбойник brigand
разбросаны scattered
развей (развеять) disperse
развёл (развести) planted
развиваться to develop
развитие development
развлечься to have a good time
разговаривать to talk
разговор conversation
разгулье revelry
раздавить to crush
разделять to divide
раздражённо annoyed, irritated
различный different
разнообразие variety
разнообразный varied, different
разный diverse, different
разрушить to destroy
рана wound
рано early, soon
раньше earlier, at first
раскраснеться to redden
раскрыться to open
распространение spreading
распрягать to unharness
рассвет dawn, day-break
рассердиться to be angry
рассказ short story
рассказать, рассказывать to tell, narrate
рассказчик story teller
расставание parting
расстояние distance
растение plant
расти to grow
растить to raise, build
расцветать to bloom, blossom
рвёт (рвать) tears
ребёнок; ещё ребёнком when still a young child
револьвер pistol
резкий shrill; — звонок a bell rings noisily
результат result
река river; Москва — Moscow river
религиозный religious
религия religion
рельс rail
решайте make up your mind
решение decision
решительно with determination
решить to solve, decide
Рим Rome
рисковать to risk
рисует (рисовать) presents, gives; draws
рисунок picture
ровно exactly
ровный even
род kind
родина fatherland
родители parents
родиться to be born
родной own, of the home
родственник relative
рождение birth

роль; их — the part they played
роман novel
роскошь luxury
Россия Russia
рот mouth
рояль piano
рубашка shirt
рубль ruble (the monetary unit of Russia)
ругаться to curse
ружьё gun, rifle
рука hand
русски; по— in Russian
ручка little hand
рыбак fisherman
рыцарь knight
рюмка (liquor) glass
рядом near, alongside

С

сад garden; —овник gardener
садилось (садиться) set
сажать to seat
сажусь I sit down, take a seat
салат; я из тебя — сделаю I'll chop you to pieces
сам, —а, —и ... myself, himself, themselves; до самой могилы to the end of my days
самоеды Samoyed (a Mongolian people inhabiting Siberia)
самолёт airplane
самый the most; — большой, великий the biggest, (greatest), до самой to the very; то же самое the very same
сапоги boots
сапожник cobbler
сахар sugar
Саша dimin. for Александр and for Александра
сбежать to escape
сбережёт will guard (watch over)

сблизить to bring closer
сборник collection
сбросить to drop
свадебный wedding (adj.)
сведение information, fact
свежий fresh
свела, свести see ум
сверкать to glitter, shine, twinkle
свет world, light; —лый light
свеча candle
свивать build (nest)
свидетель witness; быть свидетелем to witness
свистну (свистнуть) will whistle
свищет (свистать) whistles
свобода freedom, liberty
свободный free
свод roof
сводка information bulletin
свой, свой his, her, its, one's own; своими, своих, свою one's own
связь; в связи с ... in connection with ...
святой holy, sacred
сгибаться to bend
сдачи change
сделать to make, do
сделаться to become
себя oneself, myself, himself; над собой over his head
север north
Северный Ледовитый океан Arctic Ocean
сегодня today; на — for today
сейчас at once, now
сел (сесть) sat down
семнадцать seventeen
семь seven
семьдесят seventy
семья family
сердечный heartfelt
сердитесь you are angry

серди́то angrily
серди́ться; как же не —? why shouldn't I get angry? не — keep calm, take it easy
се́рдце heart
серьёзный serious
сестра́ sister; — милосе́рдия nurse
сесть to sit, take a seat
сжать to press, squeeze
Сиби́рь Siberia
сиде́ть to sit, be seated
сижу́ am sitting
си́зый dove colored
си́ла strength; изо всей си́лы with all his strength
си́льно greatly, strongly; са́мый си́льный the strongest
си́льный heavy, intense
симпати́чный pleasant
си́ний dark blue
сию́ this very
сия́ть to shine
ска́жет (сказа́ть) will tell; скажи́, —те tell; скажу́ I'll tell
ска́зка tale
сквозь through
скворе́ц starling
ско́лько how many (much)
скоре́е faster
ско́ро at once, soon
скрип|е́ть, —нуть to creak
скуча́ть to be lonely
ску́чно; ему́ ста́ло — he became bored
ску́чный monotonous, sad
слабе́ть to weaken
сла́бые weak ones
сла́ва glory
слага́ть to compose
сла́дко sweet, sweetly
след trace
сле́довать to follow

сле́дующее the following
слёзы (слеза́) tears
слепо́й blind person; "— музыка́нт" "The Blind Musician"
сли́шком too much, too; — до́рого too expensive
сло́вно as if, as though
сло́во word; дала́ себе́ — vowed
сложи́ть to compose
слуга́ servant
слу́жба service; поступи́ть на слу́жбу enlist
служи́ть to serve, to work
слу́чай case, opportunity; в тако́м слу́чае in that case
случи́ться to happen
слу́шать to listen; и — не хо́чет he wouldn't even listen
слу́шаться to obey
слы́шать to hear
слы́шать to hear; —ся to be heard
смеётся (смея́ться) laughs; — над laughs at
сме́ло courageously
сменя́ться to be replaced by
смерть death
сметь to dare
смех laughter; злой — bitter laughter
смешно́ funny
смо́трит (смотре́ть) looks at
сму́глый swarthy
снача́ла at first, in the beginning, from the beginning
снег snow
снима́ть to cease to wear
сниму́ I'll take off
сно́ва again
сноше́ние relation
соба́ка dog
собира́л collected
собо́й; над — over it, over him

собраны collected
событие event
совершенно completely
совершить to commit, effect, make
совет council (of ministers); —оваться to confer
советский soviet (adj.)
совсем quite
согласиться to agree
содержание contents, substance, meaning
соединять to join
соединяться to be joined
созвать to call together
созданный created; создать to create, build, form
сокол falcon
сокрушить to break, crush
солдат soldier
солнце sun
"Сон Макара" "Makar's Dream"
сообщаться to communicate
сообщение communication
сообщить to communicate
сорок forty
сосед neighbor
соседний neighboring
сослать to exile
состоять to consist of
социальный social
союз union
спасать (спасти) to rescue
спасение salvation
спаси save
спаситель rescuer, savior
спать to sleep; иди — go to bed; спи sleep
спина back
спичка match
сплю (спать) I sleep
спокойный quiet

спорить to argue
способный capable
спою (спеть) I'll sing
спрашивать, спросить to ask
спрятать to hide
спускаться, спуститься to go down, jump
спустить let go
спустя later
спят (спать) sleep
сражение battle
сразу at once
среди, средь among, amidst
Средиземное море Mediterranean Sea
срок term
ссора quarrel;
ссорились (ссориться) quarreled
СССР USSR
ссылка exile
ста (сто) one hundred
ставлю (ставить) put, bet
ставь place (imp.)
стакан glass, tumbler
стал; — сыт was satisfied; станет, стану will become; стать to become, begin
сталь steel
стальной of steel
становиться на колени to kneel
стану I'll start
станция station
стараться to endeavor, try
старик old man
старуха, старушка old woman; старший older
старый old
стеклянный glass (adj.)
стена wall
стеною like a wall
степной steppe (adj.)
степь steppe (wide treeless plain)
стеснять to cramp

стих verse; —й poems, poetry; в —áх in verse
стихотворéние poem
сто hundred
стой (стоять) stand; стоит stands
стóить to cost; стóит is worth; не — э́того is not worth this
стол table; за —óм at the table
столи́ца capital
столóвая dining room
стóлько so many (much)
стóрож guard
сторонá side, direction, trait, land; в стóрону aside
сторóнник supporter
стоя́ть to stand; — на коле́нях to be on one's knees
страдáние suffering
страдáть to suffer
странá country
стрáнно in a strange way
стрáстно passionately
стрекозá dragon fly
стрелá arrow
стреля́ть to fire, shoot
стреля́ться attempt suicide, fight a duel
стремле́ние craving, yearning
стре́мя stirrup
стрóить to build
стрóиться to be built
струя́ stream
студе́нческий student (adj.)
сту́л chair; —ья chairs
сты́дно; им стáло — they were ashamed; тебé не —? aren't you ashamed?
суди́ть to try
судьбá fate
судья́ judge
су́мка bag
су́мма sum; за каку́ю су́мму for how much

суро́вый severe, inclement
схвати́ть to seize
схо́дство likeness, similarity
сце́на scene; де́лать сце́ны to make scenes
счáстлив, счастли́вый happy
счáстье happiness, luck, good fortune
считáть to count
съезд meeting, convention
съел, —и (съесть) ate
сыгрáть to play
сын son
сыт satisfied
сюдá here
сюже́т subject

Т

табáк tobacco
тáйно secretly
так in this manner, this way, thus, so, like that, then; — как inasmuch, since; — что so that
тáкже also, similarly
такóй such; что такóе? what is it?
талáнт gift, talent
там there; — же in the same place
танцовáть to dance
таре́лка plate
татáр (татáры) Tatar; —ский Tatar (adj.)
твёрдый hard, firm
твой, твой your, yours
тебя́ (ты) you
те́ же the same
теку́т (течь) flow
те́ло body
тем; — что by the fact; ещё и — because, because of the fact
те́ма subject
темнотá darkness; тёмный dark

тень shade, shadow; ghost
теперь now
тёплый warm
тесно crowded
течение current; с —м времени in the course of time
тип character
тихий peaceful, pacific, quiet; " — Дон" "Silent Don"; тихо, тихонько quietly; —, спокойно quietly
то it, that, then; за — because; — же the same thing; к тому же besides
то . . . то now . . . now
тобою (ты) you
товарищ comrade; — по службе colleague
тогда then
того (то) it; для — чтобы in order to; до — so much
тоже again, also, too
той (та) that
толпа crowd, throng
только just, only; как — as soon as; не — not only
том; о — that
томиться to languish, pine
тон tone of voice; spirit
тонкий thin
топать to stamp
топор axe
торговля trade
торопливо hurriedly
тоска distress, anguish
тот that, the latter; — кто he who; — самый the same
трава grass
траур mourning
тревога alarm
третий, третья third
трёх three
три three; по — three each

тринадцатый thirteenth
тронуть to move
труд work, toil
труднее harder, more difficult
трудность difficulty
трудный difficult
тряпка rag
ту (та) that
туда there
туман fog, mist
тvннель tunnel
Турция Turkey
тут here; — же nearby
туча, тучка cloud
ты you
тысяча thousand
тьма darkness
тюрьма prison
тяжело with difficulty, heavily; тяжёлый hard, heavy; самый — the hardest
тяжесть weight
тянуться to extend

У

у at, near; — неё she has; — меня I have, my
убегать, убежать to run away
убеждение conviction, opinion
убивать, убить to kill; даже — жалко I even (hate) have no heart to kill her
убийца murderer
убирайтесь вон! get out!
убит killed
уборка harvest, gathering in
убью I will kill
увезти, увозить to take (carry) away
увидать, увидеть to see
увидаться to see each other
увидишь you'll see

увы́ alas
уго́дно; что вам —? what do you want?
у́гол corner; из угла́ в — up and down
угоща́ть to treat
угрю́мый morose
удало́й daring, bold, clever
уда́р blow
уда́рить to hit
удиви́тельный wonderful
удивлённый surprised
удо́бный convenient, comfortable
удово́льствие pleasure
уе́дем (уе́хать) we'll go away
уедине́ние solitude
уе́ду I'll go
уе́хать go, drive away
у́жас horror
ужа́сный horrible, awful
уже́ already
у́жин supper; за —ом at supper
у́зкий narrow
узна́ете вы меня́ you'll find out what I'm like
узна́л he knew
узна́ть to find out, learn
уйдёт (уйти́) will leave; уйдёте; вы не —? aren't you going?
уйду́ I'll leave
уйти́ to go away, leave
ука́зывать to point, show
укра́дкой furtively
украи́нцы people of the Ukraine
укра́шенный embellished
улета́ть to fly away
у́лица street; по у́лице along the street
улыба́ться, улыбну́ться to smile
улы́бка smile
ум mind, intelligence; с —а меня́ свела́ has driven me out of my mind

у́мер, —ла́, —ли́ died; —е́ть to die; умрём, умру́ will die
уме́ть to be able, know how
у́мный intelligent, clever; не у́мно silly
умча́ться to hurry away
умы́т; не — unwashed
унёс (унести́) carried away; унесёт will carry away
уничто́жить to destroy
упа́л (упа́сть) fell
уплати́ть to pay; чтоб он вам уплати́л to settle your account
употреби́ть to use
управля́ть to rule
управля́ющий steward
уро́к lesson; дать — to teach a lesson
уса́дьба country seat
усла́ть to send away, discharge
усло́вие condition
услы́шать to hear
усну́ть to fall asleep
успе́ть to have time
успе́х success
уста́лый tired; уста́ть to get tired
уступа́ть to yield, be inferior to
утёс cliff
уте́шиться to be consoled
утира́ть to wipe
утоми́тельно wearily
утри́ wipe
у́тро morning; по утра́м each morning; у́тром in the morning
уха́живать to court, to make love
у́хо ear
ухо́д departure
уходи́ть to go away, leave
уча́стие; принима́ть — to take part
учени́к pupil
уче́ние learning
учёный scholar
учи́лище school

учи́лся (учи́ться) studied
учи́тель teacher
ушёл, ушли́ (уйти́) went (away)

Ф

фа́брика factory
факульте́т school, college
фами́лия surname
фарфо́р porcelain
физи́ческий physical
флот fleet
фля́жка flask
Фра́нция France
францу́з Frenchman; —ский French; по-францу́зски in French
фунт pound

Х

хара́ктер character
характе́рный typical
ха́та peasant's cottage
хвата́ть to snatch
хво́йный coniferous
хими́ческий chemical
хлеб bread
хло́пок cotton
хлопотли́во busily
ходи́ть to go, walk
хозя́ева hosts, masters
хозя́йка mistress
хозя́ин master, lord, owner, proprietor; — до́ма host, master, owner
холм hill
хо́лод, —но, холо́дный cold
хоро́ш, хорошо́, хоро́ший good, well; —о́ же very well then
хоте́ть to want, wish, desire; хоте́л есть was hungry; хоти́те you want; хотя́т, а ещё — and then people want; хо́чет wants; — есть he is hungry; —ся, мне — I want to; хо́чешь you want
хоть и even though
хотя́ бы at least
хра́брый brave, gallant
храм temple
Христо́с с ва́ми! Bless you!
худо́жественный artistic; Моско́вский — теа́тр Moscow Art Theater
худо́жник artist
ху́же worse

Ц

цвет color, blossom
цветы́ flowers
целина́ virgin soil
целу́ющий kissing
це́лый entire, whole; —день all day; по це́лым неде́лям for weeks at a time
цена́ price, value, meaning
цент cent
це́рковь church
цыга́н Gypsy
цыплёнок chick(en)

Ч

чай tea
ча́йка seagull
час hour; в два —а́ at 2 o'clock; —о́в o'clock
ча́сто often; ча́ще more often
часть part, portion
чего́ вам? what is it? для —? why?
челове́к man, person; —! waiter, attendant!
челове́ческий human

чем than, instead of — ... тем the ... the ...
чём; о — about what
через in, through; — ... дней ... days later; — неделю a week later
чернила ink
чёрный black
честь honor
четвёртый fourth
четыре four
четырнадцать fourteen
чиновник functionary
число number
чисто clean, pure
читать to read
член member
чтение reading
что which, what, that; — вы? well, what is it? — же? what then? ну так что же what about it? за — ? what for? о том — that; —-нибудь something, anything; — такое what is it? —-то something; всё, — у него было all he had; — это what is it?
чтоб, чтобы so that, in order to
чувство feeling
чувствовать to feel
чудиться to seem
чудно; как —! how well
чудный wonderful
чужой strange, foreign, other's
чукши Chukchi
чьи whose

Ш

шаг step
шапка cap
шарманка hand organ
шарманщик organ grinder
швед Swede
шёл (итти) was going, went
шелестеть to rustle
шептать to whisper
шестнадцать sixteen
шестой sixth
шесть six
шестьдесят sixty
шестьсот six hundred
ширина width
широкий wide, vast
широкоплечий broad-shouldered
школа school; средняя — secondary school
шли (итти) were walking, went
шляпа hat
шоколад chocolate
штаб staff
шум noise
шутить play about, joke
шучу I'm joking

Э

эти these; это this, this is, it is; за — for this, for that; за всё — for the lot; об —м about it

Ю

юг south
юго-запад southwest
юмор humor
юный of youth
юрист lawyer
юстиция justice

Я

яблоня apple tree
является is
являться to be

я́года berry; **по я́годы** berry (verb)
язы́к language
яку́т Yakut
я́мочки на щека́х dimples on one's cheeks

ямщи́к driver
я́сно plainly, distinctly
я́сный bright
я́щик drawer; **почто́вый —** mail box

ОГЛАВЛЕ́НИЕ

	СТР.
Алеса́ндр Не́вский	70, 168
А́нгел (Ле́рмонтов)	96
Аппети́т	8, 113
Бесцеремо́нный гость	8, 115
Ва́нька (Че́хов)	19, 133
Вече́рний звон	101
Внима́я у́жасам войны́ (Некра́сов)	99
Геогра́фия СССР	64, 165
Го́рные верши́ны	97
Го́рький	61, 161
Гу́си (Крыло́в)	16, 131
Два го́стя	9, 115
Два дру́га	10, 118
Два пацие́нта	11, 121
Де́душка	13, 126
До́брое се́рдце	12, 123
До́рого сто́ит (Толсто́й, по Мопаса́ну)	25, 138
Достое́вский	58, 158
Ещё раз	15, 130
Зи́мняя доро́га (Пу́шкин)	95
Каза́чья колыбе́льная пе́сня (Ле́рмонтов)	97
Как я пры́гала с самолёта	41, 150
Кани́кулы в Москве́	34, 145
Короле́нко	60, 160
Крестья́нин и стару́ха	10, 118
Кро́вные ро́дственники	47, 153
Крыло́в	53, 156
Кто прав?	7, 111

207

СТР.

Ленин	77, 172
Лермонтов	50, 155
Медведь (Чехов)	81
Метелица	103
Москва	33, 142
Московское метро	36, 146
На пожаре	7, 112
Наполеон в Москве	74, 171
Не в деньгах счастье	8, 114
Обманул	10, 118
Одинокая гармонь	104
Орден	28, 140
Ошибка	7, 111
Пари	22, 135
Парус (Лермонтов)	96
Пётр Великий	70, 168
Помощь	14, 130
Птичка	21, 134
Птичка божия не знает (Пушкин)	95
Пушкин	49, 154
Радио	42, 151
Размечтался солдат молодой	109
Рассказ красноармейца	40, 149
Сибирский вечер	106
Скворец	11, 121
Следы	13, 125
Сокол и петух	11, 122
Среди льдов	41, 149
Стрекоза и муравей (Крылов)	16, 132
Татарское нашествие	69, 167
Толстой	54, 156
Тургенев	57, 157

ОГЛАВЛЕ́НИЕ

	СТР.
У́мный судья́	14, 129
Уро́к ве́жливости	9, 117
Уро́к му́зыки	12, 124
Утёс (Ле́рмонтов)	99
Хоро́ший муж	10, 117
Челю́скинцы	43, 152
Че́хов	59, 159
Шо́лохов	63, 161